大方廣佛華嚴經

일러두기

1. 『대방광불화엄경 강설』원문原文의 저본底本은 근세에 교정이 가장 잘 되었다고 정평이 나 있는 대만臺灣의 불타교육기금회佛陀教育基金會에서 출판한 『화엄경소초華嚴經疏鈔』본입니다.

2. 『대방광불화엄경 강설』은 실차난타實叉難陀가 695년부터 699년까지 4년에 걸쳐 번역해 낸 80권본卷本 『대방광불화엄경』을 우리말로 옮기고 강설을 붙인 것입니다.

3. 『대방광불화엄경』은 애초 산스크리트에서 한역漢譯된 경전이지만 현재 산스크리트본은 소실된 상태입니다. 산스크리트를 음차한 경우 굳이 원래 소리를 표기하려고 하기보다는 『표준국어대사전』이나 『불교사전』등에 등재된 한자음을 사용하는 것을 원칙으로 하였습니다.

4. 경문의 한글 번역은 동국역경원본을 참고하여 그대로 또는 첨삭을 하며 의미대로 번역하고 다듬었습니다.

5. 각 품마다 내용에 따라 단락을 나누고 제목을 달았습니다. 단락의 제목은 주로 청량清凉스님의 견해에 기초하였고 이통현李通玄장자의 견해를 참고로 하였습니다.

6. 『대방광불화엄경 강설』의 발행 순서는 한역 경전의 편재 순서를 기준으로 하였고 각 권은 단행본 한 권씩으로 출간될 예정이며 모두 80권으로 완간됩니다. 다만 80권본에 빠져 있는 「보현행원품」은 80권본 완역 및 강설 후 시리즈에 포함돼 추가될 예정입니다.

7. 『대방광불화엄경 강설』안에서 불교용어를 풀이한 것은 운허스님이 저술하고 동국역경원에서 편찬한 『불교사전』을 인용하였습니다.

8. 각주의 청량스님의 소疏는 대만에서 입력한 大方廣佛華嚴經 사이트의 것을 사용하였습니다.

9. 『대방광불화엄경 강설』입법계품에 들어가는 문수지남도는 북송北宋시대 불국佛國선사가 선재동자가 53명의 선지식을 친견하여 법을 구하는 장면을 하나하나 그림으로 그린 것입니다.

대방광불화엄경 강설
제 81 권

四十. 보현행원품普賢行願品

반야삼장般若三藏 한역
무비스님 강설

서문

일체 여래에게 모두 장자長子가 있으니
그 이름 누구신가 보현보살님이라
내가 이제 모든 선근 회향하옵고
지혜와 실천이 그와 같아지기를 원하옵니다.

몸과 말과 마음까지 늘 청정하고
모든 행行과 세계들도 그러함이니
이런 지혜 이름하여 보현이시니
저 보살과 같아지기 원하옵니다.

나는 이제 보현보살 거룩한 행과
문수보살 크신 서원 훌륭히 닦아
그분들이 하는 일을 다 원만히 하여
오는 세상 끝나도록 싫증 안 내리.

내가 닦는 보현행은 한량없으니
그지없는 모든 공덕 이루어 가고
끝이 없는 온갖 행에 머무르면서
일체의 신통력을 깨달으리라.

문수보살 용맹하고 크신 지혜와
보현보살 지혜의 행 사무치고자
내가 이제 모든 선근 회향하여서
그분들을 항상 따라 배우오리다.

삼세의 부처님들 칭찬하신 일
이와 같이 훌륭하고 크신 서원들
내가 이제 그 선근을 회향하여서
보현보살 거룩한 행 얻으렵니다.

2018년 2월 10일
신라 화엄종찰 금정산 범어사
如天 無比

대방광불화엄경 목차

대방광불화엄경 강설 제81권

四十. 보현행원품普賢行願品

대방광불화엄경 강설

제81권

四十. 보현행원품

보현행원품은 화엄경의 일부분이다.

화엄경은 60권본과 80권본과 40권본의 세 종류가 있는
데 60권본은 동진東晉시대에 불타발타라佛馱跋陀羅가 양주楊州
도량사道場寺에서 서기 422년에 번역한 것이다. 80권본은 당
唐나라 때 실차난타實叉難陀가 695년에 동도東都의 변공사遍空
寺에서 번역을 시작하여 699년에 낙양洛陽의 불수기사佛授記寺
에서 끝마친 것이다. 40권본은 당唐나라 때의 반야삼장般若
三藏이 798년에 번역한 것이다. 40권본 화엄경은 이름이 입
부사의해탈경계보현행원품入不思議解脫境界普賢行願品이라는 한
가지 품뿐이다. 이름은 달라도 60권본과 80권본의 입법계
품入法界品에 해당한다. 한 가지 품이 무려 40권이나 되는데
그 마지막 권만 따로 떼어 내어 우리가 흔히 독송하는 소위
보현행원품普賢行願品으로 삼은 것이다.

권수도 줄이고 이름도 간략하게 한 셈인데, 길고 긴 경전
을 그렇게 필요한 부분만 떼어 내어 별행본別行本으로 유통시
켜도 이 경전에는 아무런 부족함이 없다. 오히려 훨씬 돋보
인다. 보현행원품이 얼마나 많이 읽히는가를 보면 안다.
우리들이 보현행원품이라는 독립된 경전으로 알고 있을 정

도이다.

특히 이번에 80권본 화엄경을 강설하면서 입법계품에 이어 보현행원품을 연결하여 화엄경의 결론으로 보완한 것은 화엄경의 완벽을 기하는 일이 된다. 보현행원의 행원行願이란 사람으로서 마음에 새기며 실천할 수 있는 가장 숭고한 서원이다. 그리고 그 훌륭한 서원을 실천하는 불교의 이상적인 인간상을 보살이라 하는데 그 중에서도 보현보살이 그 대표가 된다.

보현보살은 경전에서 열 가지의 매우 뛰어난 서원을 설명하여 불교적인 삶이 무엇인가라는 것을 잘 보여주고 있다. 서원이란 희망이며 꿈이며 기대감이다. 사람의 삶이 훌륭한 꿈과 희망으로 많은 사람들에게 큰 이익과 삶의 생기를 줄 수 있을 때 그 사람의 삶은 빛난다. 그것을 보살의 삶이라 한다.

여기에서 다시 화엄경의 대지大旨에 대해서 언급하려 한다. 흔히 화엄경의 대지를 "통만법 명일심統萬法 明一心"이라고 한다. 물론 한 부분 맞는 말이기도 하다. 그러나 필자는 선명시성정각先明始成正覺 후현보현행원後顯普賢行願이라고 하고자 한다. 화엄경에는 천차만별의 차별한 법을 거두어 오직

한 마음임을 밝히는 가르침의 뜻도 일부 담겨 있으나 전체적으로 살펴볼 때 서두에서 세존이 처음 정각 이룸을 말하여 정각의 내용과 정각의 안목을 피력하였다. 그것을 곧 "아름다워라 세상이여, 환희로워라 인생이여. 아, 이대로가 화장장엄세계요, 이대로가 청정법신비로자나불인 것을."이라는 말로 요약하여 표현하였다. 그러나 깨달음의 안목으로 볼 때 "우리들 인생이 그와 같고 세상이 그와 같다면 우리들은 어떻게 해야 한다는 말인가."라고 반문한다면, 보살행 중에서 가장 위대한 보현보살의 행원을 실천하여 본래 아름답기 그지없는 세상을 보현행원의 꽃으로 더욱 아름답게 수놓아 가자는 것[華嚴]이 총결론이기 때문이다.

1. 서분序分

이 시　　보현보살마하살　칭탄여래승공덕
爾時에 普賢菩薩摩訶薩이 稱歎如來勝功德

이　　　　고제보살　급선재언　　선남자　여래
已하시고 告諸菩薩과 及善財言하사대 善男子야 如來

공덕　　가사시방일체제불　경불가설불가설불
功德은 假使十方一切諸佛이 經不可說不可說佛

찰극미진수겁　　　상속연설　　　불가궁진
刹極微塵數劫토록 相續演說하야도 不可窮盡이니라

약욕성취차공덕문　　응수십종광대행원
若欲成就此功德門인댄 應修十種廣大行願이니라

　그때에 보현보살마하살이 부처님의 거룩한 공덕을
찬탄하고 나서 여러 보살과 선재동자에게 말하였습니
다. "선남자여, 여래의 공덕은 가사 시방세계 일체 모든
부처님들이 불가설 불가설 불찰미진수 겁 동안 계속하

여 연설할지라도 끝까지 다하지 못할 것입니다. 만약 이러한 공덕을 성취하려면 응당 열 가지 크나큰 행원을 닦아야 합니다."

이 단락은 이 품의 서론[序分]에 해당한다. '그때'란 길고 긴 화엄경의 마지막 부분을 설하는 지금 이 순간이다. 그리고 지금까지 화엄경 제39품인 입법계품入法界品에서 보현보살이 부처님의 거룩한 공덕을 설명할 수 있는 데까지 설명하여 마친 때이다.

앞의 화엄경 본문에서 설명한 부처님의 거룩한 공덕을 아주 작은 일부분만 소개한다.

"한량없는 세월 동안 수행하시면서 때로는 보살의 견디고 참고 기다리는 삶도 사시었네.

혹은 석가모니 부처님이 불도를 이룬 지 이루 다 헤아릴 수 없는 겁을 지나간 것을 보기도 하였으며, 혹은 지금 막 보살이 되어 시방 모든 중생들의 이익과 행복을 위해 사시는 모습을 보기도 하였네.

혹은 석가모니 부처님이 모든 부처님께 공양 올리는 수

행을 하시는 것을 보았고, 보시와 지계와 인욕과 정진과 선정 등의 바라밀을 모두 다 중생들의 마음을 수순하여 나타내 보이는 것도 보았네.

설혹 세계의 먼지 숫자만큼이나 많고 많은 사람들의 마음을 다 헤아려서 알고, 또 저 큰 바다의 물을 다 마실 수 있고, 드넓은 저 허공 끝을 다 알고 심지어 바람마저 손으로 얽어 붙잡을 수 있는 능력이 있다 하더라도, 부처님의 한량없는 그 공덕은 다 설명할 수가 없네.

만약 어떤 이가 이러한 공덕을 듣고 환희하는 마음과 믿고 이해하는 마음을 낸다면 위에서 찬탄한 모든 공덕을 다 얻을 수 있으리니, 이 공덕에 대해서 결코 의심하지 말라."라고 하면서 이와 같이 끝을 맺었다.

이어 보현행원품에서 그런데 "만약 이와 같은 공덕을 성취하려면 응당 열 가지의 크나큰 행원을 닦아야 한다."라고 하면서 아래에서 그 열 가지 행원에 대해서 하나하나 설명한다.

2. 정종분 正宗分

1) 열 가지 서원誓願의 명칭

하 등   위 십   일 자   예 경 제 불
何等이 **爲十**고 **一者**는 **禮敬諸佛**이요

"열 가지 서원이란 무엇입니까. 첫째는 모든 부처님
께 예배하고 공경함이요,

여기서부터 이 경전의 본론이다. 보현행원품에서 주로 이
야기하고자 하는 내용이 열 가지 서원이다. 먼저 열 가지 서
원의 이름을 열거하였다. 불교적인 가치관에서 볼 때 가장
이상적인 인생, 즉 보살로 살아가는 열 가지 덕목이라 해도
좋다. 다음에서 하나하나 자세히 설명하겠지만 우선 간단
하게 현대적 의미로 풀어서 이해해 보려 한다.

첫째, 모든 부처님께 예배하고 공경함이란, 먼저 모든 사람들이 부처님이라는 사실을 알아야 한다. 나와 남과 가족과 형제자매와 이웃과 직장에서 늘 부딪치며 함께 일하는 사람들과 길거리를 걸어가고 있는 그 많은 사람들이 모두 부처님이라는 사실을 알아야 한다. 불교에서 수없이 부처님 부처님 하지만 실은 그 사람들 외에 달리 다른 부처님이 없다. 그리고 그 사람 부처님들을 자세히 살펴보면 그들보다 더 훌륭하고 위대한 존재가 없다. 사람이라는 존재를 이해할수록 부처님이 아니라고 할 이유가 없어진다. 그리고 사람 외에 달리 어디서 찾을 부처님은 없다.

사람이 부처님이라는 사실을 이해하고 나면 그 다음 예배하고 공경하는 일은 한결 쉬워진다. 나무나 돌로 깎은 불상에도 예배하고 공경한다. 세 번씩, 일곱 번씩, 백팔 번씩, 천 번씩, 삼천 번씩 하고 혹은 백만 번을 했다고 자랑하는 이도 있다.

나무나 돌을 부처님으로 보면서 왜 살아 있는 사람은 부처님으로 보지 못할까. 간혹 멀쩡한 자연석을 부처님으로 보는 사람들도 있다. 참 신기하기도 하다. 사람 속에 무슨 물건이 들어 있어서 그렇게 볼 줄 아는가. 그 능력을 기울여서 부디 사람을 부처님으로 이해하고 그 사람 부처님께 예배하고 공경하자. 관세음보살님께 예배를 하다 보면 혹 어떤 관세음보살님은 예배하는 우리들을 향해서 합장하고 예배하는 관음상도 있다. 그 관음상의 의미를 잘 이해하면 남은 의혹이 풀리리라. 이것이 사람다운 사람, 즉 보살이 실천해야 할 덕목 제1조다.

이 자   칭 찬 여 래
二者는 稱讚如來요

둘째는 부처님을 우러러 찬탄함이요,

둘째, 부처님을 우러러 찬탄함이란, 먼저 모든 사람이 부처님이라는 중요한 사실을 알고 나면 우러러 찬탄할 일은 너무나 많다. 부처님이라고 하면 가장 먼저 떠올리는 것은 2천6백여 년 전 인도의 역사 속에 나타났던 석가모니 부처님이다. 그도 물론 훌륭한 부처님이었다. 그래서 예불문禮佛文에도 수많은 부처님 중에서 근본이 되는 스승님 석가모니라고 하였다. 그러나 역사 속에 살다 가신 석가모니만을 두고 하는 말이 아니다. 경전상에 나타난 무수한 부처님이나 보살들만도 아니다. 역사 속에서 명멸해 간 수많은 보살이나 조사스님들만도 아니다.

그 모든 분을 포함하여 다만 손만 뻗으면 닿을 곳에 있는 우리들과 가깝고 혹은 멀게 있는 모든 사람들을 부처님으로 이해하고 우러러 찬탄하라는 것이다. 못나고 게으르고 살림도 살 줄 모르는 아무짝에도 쓸모없어 보이는 마누라도, 돈도 벌 줄 모르고 옹졸하고 무능력하고 고집만 세고 하여 말이 통 먹히지 않는 저 못난 남편도 내가 사람의 본성을 볼 줄 아는 눈만 열리면 무지하게 존귀한 부처님이며 값비싼 보물이라는 것을 알게 될 것이다. 그때는 이리 보아도 우러러 찬탄할 거리이고 저리 보아도 우러러 찬탄할 거리이다.

고려청자도 그 가치를 모를 때는 개 밥그릇으로 썼으며 때로는 알루미늄 그릇과 맞바꾸었지만 그 가치를 알고 나면 절대로 그럴 수 없다. 안방에 숨겨 두고 애지중지한다. 이리 쳐다보고 저리 쳐다보며 기뻐서 어쩔 줄을 모른다. 아

까워서 가족들에게까지 잘 보여주지도 않는다. 사람의 진정한 가치를 우러러 찬탄하지 않고는 못 배길 것이다. 불심佛心이 있는 불자로서 다른 사람의 장점을 우러러 찬탄하지 못한다면 이것은 큰 잘못이다.

삼 자   광 수 공 양
三者는 廣修供養이요

셋째는 널리 공양함이요,

셋째, 널리 공양함이란, 사람들을 부처님으로 알고 난 뒤 그 많고 많은 사람 부처님에게 온갖 것으로 이바지하고 공양 올리는 일이다. 살펴보면 부처님들에게 공양 올려야 할 것이 너무나 많다. 가장 기본적인 것은 의식주衣食住다. 사람이 살아가는 데는 무엇보다 우선하는 것이 의식주이기 때문이다. 그 다음은 의료醫療다. 이것을 사사공양四事供養이라 한다. 그리고 문화적인 것과 사람 대접하는 일도 훌륭한 공양이다.

그러나 그와 같은 것들은 모두가 나라를 다스리는 정치

인들이 생각해야 할 문제다. 또는 자선단체나 부호富豪나 경제를 관장하는 사람들의 일이다. 혹 각 종교단체에서도 신경을 많이 쓰는 것이 공양이다.

인간의 지극한 가치를 깨달아 알고 일체 존재의 이치를 깨달아 알고 있는 불교에서는 무엇보다 인간의 지극한 가치를 일깨우고 일체 존재의 이치를 가르치는 법공양을 제일 중요한 공양이라고 가르친다. 의식주 문제나 기타 문화적인 공양은 돌볼 겨를이 없다. 가장 가치 있고 소중한 법공양法供養을 하는 데 온 힘을 기울여야 한다. 예컨대 흙이나 돌멩이를 보시하는 것도 좋은 일이지만 황금이나 다이아몬드를 가득 쌓아 두고 사는 사람이라면 당연히 황금이나 다이아몬드를 보시해야 옳다. 구태여 흙이나 돌멩이를 보시하려고 할 필요가 없다. 그런 것은 그런 것을 가지고 있는 사람들의 할 일이지 황금이나 다이아몬드를 쌓아 놓고 사는 사람의 일은 아니다.

불교는 부처님께 공양 올리는 불공佛供을 대단히 중요하게 여긴다. 그러므로 불공의 내용과 방법과 공양물의 우열을 잘 이해하여 가려 가면서 공양을 올려야 한다. 그렇지 못하면 엉뚱한 단체가 되고 만다. 불교와 같은 참으로 훌륭하고 우수한 가르침을 그렇게 많이 가지고 있으면서 훌륭한 공양을 올리지 못한다면 어느 종교 어느 단체에서 할 것인가. 불자로서 다반사茶飯事로 행하는 불공이기에 다시 심사숙고해서 해야 할 일이다.

四者는 懺除業障이요
넷째는 스스로의 업장을 참회함이요,

넷째, 스스로의 업장을 참회함이란, 불교가 하는 일을 한마디로 표현하면 단혹斷惑과 성덕成德이라고 표현할 수도 있다. 즉 미혹을 제거하고 복덕을 갖추는 일이다. 업장을 참회한다는 것은 미혹을 제거하는 일이다. 미혹이 있어서 업을 짓고 업장 때문에 고통이 따른다. 그래서 천수경에도, 금강경에도, 초발심자경문에도 업장을 참회하여 제거한다는 내용이 들어 있다. 그것은 또한 종교가 갖는 특징이기도 하다. 그러나 모든 종교가 다 같은 방법으로 업장을 참회하지는 않는다.

불교에서는 처음 대하는 천수경에서부터 이렇게 이야기하고 있다. "죄업이란 독립된 자성이 없다. 다만 사람들의 마음으로부터 일어나는 것이다. 마음 마음 하지만 그 마음이 본래로 고정된 존재가 아니기 때문에 마음이 존재하지 않는다는 사실만 알면 죄업도 또한 존재하지 않는다는 사실을 알 것이다. 마치 허공에다 세운 건물과 같고 토끼의 뿔이나 거북의 털과 같아서 그것은 다만 말만 있을 뿐이지 실재하는 것은 아니듯이, 그래서 죄업도 없고 마음도 없음을 알아서 두 가지가 다 텅 비어 없을 때 이것이야말로 진정한 참회다."[1]라고 하였다.

스스로의 업장을 참회한다는 것은 그 이치를 이와 같이 이해했을 때 제대로 된 참회라고 할 수 있다. 3조 승찬僧璨대사는 40대 중반의 거사로서 평생을 앓고 있는 문둥병이 자신의 죄업 때문이라 생각하고는 2조 혜가慧可대사를 찾아가서 자신의 몹쓸 병이 죄업 때문이니 제발 자신의 죄업을 참회하게 해 달라고 간절히 부탁하였다. 2조 혜가대사가 당신

---

1) 罪無自性從心起 心若滅時罪亦亡 罪亡心滅兩俱空 是卽名爲眞懺悔.

이 죄업을 가져오면 참회시켜 주리라고 하여 문둥병 환자인 승찬거사는 그동안 자신을 짓누르던 죄업을 찾으려고 하루 종일 궁구하였으나 끝내 찾지 못하고는 "죄업을 아무리 찾아도 찾을 길이 없습니다."라고 하였다. "그렇다면 당신의 죄업은 없는 것이며 없는 것이라면 이미 다 참회된 것이다." 라고 하여 죄업이 본래 없다는 사실을 깨닫고는 몸도 마음도 날아갈 듯이 가벼워졌다. 그러고는 거사의 몸으로 부처님의 법맥法脈을 이어서 오늘에 이른다. 이것이 스스로의 업장을 참회하는 것이다. 불자로서 이와 같은 이치를 모른다면 불교적 소양에 결함이 많은 사람이다.

오 자   수 회 공 덕
五者는 **隨喜功德**이요

다섯째는 남의 공덕을 따라 기뻐함이요,

다섯째, 남의 공덕을 따라 기뻐함은, 인간으로서 의식이 있는 사람이라면 남의 공덕을 따라서 기뻐할 줄 알아야 한다. 더구나 부처님의 가르침을 순종하고 부처님을 닮아 보려는 사람이라면 이러한 덕목을 갖추고 사는 것은 당연하다. 만약 속된 사람들처럼 남의 잘하고 훌륭한 점을 깎아내리거나 시기하고 질투하고 음해까지 한다면 그것은 비인간적인 처사다. 하물며 불교를 믿는 사람이라면 그런 일은 절대로 해서는 안 될 것이다.

남의 공덕을 진심으로 기뻐할 줄 아는 마음은 아름답다. 설사 크게 드러난 공덕이 아니더라도 남이 한 일을 긍정적으로 바라보고 적극적으로 찾아내어 찬탄하고 기뻐하는 습관을 기르고 생활화해야 한다. 사람들을 행복하게 하고 세상을 그래도 살맛나게 하는 길은 경제적 소득을 높이는 것보다 남이 하는 일을 긍정적으로 보는 습관지수와 기뻐하는 지수를 끌어올리는 일이다. 아무리 경제적으로 소득이 증대되어 1년 소득이 수백만 달러가 된다 하더라도 남이 하는 일에 대해서 시기하고 질투하고 속이 상하여 일상에 기쁨이 전혀 없다면 무슨 사는 맛이 나겠는가. 자신이 한 일에 대해서야 무슨 기뻐할 일이 그렇게 많겠는가. 나는 한 사람이지만 남은 사람은 70억 명이 넘지 않는가. 남의 잘한 점을 찾아서 긍정적으로 바라보고 진심으로 기뻐한다면 순간순간이 기쁜 순간이며 매일매일이 기쁜 날이 될 것이다. 이와 같은 모습으로 사는 것이 보살의 아름다운 삶이다.

화엄경의 결론이자 불교의 결론인 이 보현행원품은 이렇게 간단명료하고 쉽다. 그렇다. 불교는 그렇게 어려운 것이 아니다. 알고 보면 지극히 상식적이고 누구나 생각할 수 있는 이치를 가르칠 뿐이다.

六_者는 請轉法輪_{이요}

여섯째는 설법하여 주기를 청함이요,

여섯째, 설법하여 주기를 청함이란, 청한다는 말은 배우기 위해서 청하는 것이다. 사람들은 아무리 무식한 사람이라도 자기 자랑과 아는 체하기를 좋아한다. 설법하여 주기를 청하는 것은 자신이 아는 체하는 것이 아니라 자신이 아는 것은 두고 다른 사람들에게서 무엇이든 배우기를 바라는 마음이다. 그래서 무엇이든 묻고 설명하여 주기를 청하는 것이다. 사람은 누구나 아는 체하면 싫어하지만 물으면 좋아한다. 그런데도 왜 우리는 그 간단한 사실을 모르고 자꾸만 아는 체하는가. 실은 잘 알지도 못하면서 말이다.

공자孔子님의 인품을 말할 때 반드시 배우기를 싫어하거나 게을리하지 않았던 것을 든다. 그래서 오늘날 공자가 되었던 것이다. 우리도 어릴 때는 세상 모든 것이 처음 보는 것들이라 보는 것마다 묻고 듣는 것마다 묻는다. 부모를 성가시게 할 정도로 알고 싶어 한다. 사람들이 어릴 때의 그 마음 그대로만 가지고 산다면 누구나 공자가 될 수 있을 것이다. 그야말로 초심初心은 좋았으나 후심後心이 문제였다. 아름다운 삶을 사는 보살은 끊임없이 묻고 배우고 설명해 주기를 청하는 그 어릴 때의 마음, 즉 초심을 계속하여 유지하는 삶을 산다.

보현행원품의 주인공은 선재동자다. 선재동자의 장점이자 특징은 53명이나 되는 많은 선지식을 한 분 한 분 찾아다니면서 가르침을 받는 일이다. 그 이야기가 행원품의 전부이다. 가르침을 받기에 앞서 반드시 먼저 청하였다. 청하지도 않는데 먼저 가르치려고 하는 것은 결코 자연스럽지 않다. 53명의 선지식 중에는 출가한 스님도 있고 재가한 거사나 보살도 있고 기생도 있고 뱃사공도 있다. 사마외도邪魔外道도 있고 온갖 신들도 있다. 그들 모두가 선재동자의 선지식이다. 배움의 길에서는 스승을 가리지 않는다는 뜻이다. 오직 내가 무엇을 배울 수 있는가를 생각할 뿐이다. 그래서 선재동자는 불교공부에 관심이 있는 모든 사람들의 이상이자 모델이다. 그의 삶과 배움의 자세를 닮으면 매우 훌륭한 인생이 보장된다. 아름다운 보살의 삶은 곧 배우기를 좋아하는 선재동자와 같은 삶이기도 하다.

칠 자   청 불 주 세
七者는 **請佛住世**요

일곱째는 부처님이 세상에 오래 머무르시기를 청함이요,

일곱째, 부처님이 세상에 오래 머무르시기를 청함이란, 혹 정신이 잘못돼서 스스로 목숨을 끊거나 자신의 몸을 망치고 수명을 단축하는 사람이 아니라면 모두들 세상에 오래

오래 살고 싶어 하는데, 그렇다면 청한다는 것은 무슨 뜻인가. 단순하게 말로만 오래오래 머무르시기를 바라고 청원을 드리는 데 그치지 않고 말과 마음과 행동을 다 기울여 오래 살 수 있도록 의식주를 제공하고 약과 치료를 도와주면서 구체적으로 건강하고 오래 머무르시도록 하는 일이다.

　누구를 막론하고 사람의 삶은 대단히 소중하고 가치가 있다. 옛날 어떤 사형수가 사형집행일을 앞두고 자신의 감방에서 기어 다니는 작은 벌레를 보고 부러워서 쓴 글에, "저 미물과 같은 보잘것없는 벌레가 되어서라도 살 수만 있다면 얼마나 좋을까."라는 토로를 하였다. 그렇다. 그것은 사람의 본능이다. 인간의 생명에 대한 존엄과 경외심은 참으로 이와 같기 때문에 누구나 오래 살고 건강하게 살도록 보살피고 이바지하는 일은 대단히 훌륭하다. 보살계菩薩戒에는 "병든 사람을 보고 간병하지 않으면 죄를 짓는 일이다."라고 하였다. 인생을 가장 아름답게 살려는 보살에게는 사람의 생명을 존중하고 보호하는 이러한 덕행德行이 반드시 있어야 한다.

팔 자　상 수 불 학
八者는 常隨佛學이요

여덟째는 항상 부처님을 따라 배움이요,

여덟째, 항상 부처님을 따라 배움이란, 앞의 설법하여 주기를 청하는 것에서 한 걸음 더 나아가 보다 적극적으로 배우려고 하는 자세다. 무엇인가 배우려고 하면 세상에는 스승도 많고 가르치는 데도 많다. 불교만 하더라도 곳곳이 사찰이요, 사람마다 스승이다. 그런데 진정 어느 사찰 어떤 스승을 찾아가야 불교를 바르게 알 수 있을까. 쉽게 결정할 일이 아니다.

보현행원품에서는 장소는 말하지 않고 부처님을 따라 배우라고만 했는데 부처님이란 바르고 참된 이치를 깨달아 아는 사람을 말한다. 불교란 참되고 바른 이치[眞理]이므로 당연히 참되고 바른 이치를 잘 아는 스승을 부처님이라 생각하고 항상 따라 배워야 하는데, 배우는 입장에 있는 사람들, 특히 경험이 없는 초보자로서는 참으로 난감한 일이다. 엉뚱한 곳에서 삿된 견해를 가진 사람을 잘못 만나 허송세월

하는 예가 적지 않기 때문이다.

불교 공부를 하는 데는 스승 없이 혼자 하는 경우도 있지만 좋은 스승을 만나서 배우는 것과 비교하면 하늘과 땅의 차이로 그 효과가 다르다. 그러므로 반드시 견해가 올바른 스승을 만나야 하지만, 지금의 시대에는 사람들의 견해가 각양각색이다 보니 바른 스승을 만나기가 참으로 어렵다.

그래서 현명한 선택이라고 권할 만한 길은 사람보다 전래되어 온 경전과 어록을 의지하는 것이라고 하겠다. 필자는 1960년 이후부터 회상을 가지고 있는 선원과 강원의 모든 선지식들을 거의 다 찾아다니면서 한두 철씩 모시고 살았다. 그러나 끝내는 한 스승도 모시지 못하고 경전經典과 어록語錄을 스승으로 삼을 수밖에 없었다. 물론 거쳐 온 수많은 스승들이 큰 가르침과 경책으로 눈을 열어 주신 덕분에 경전과 어록에 의지할 수 있었던 것도 사실이다. 아무튼 보살의 아름다운 서원의 삶은 사람이든 경전이든 부지런히 쉬지 않고 따라서 배우는 정진이 반드시 필요하다.

九者_는 恒順衆生_{이요}

구 자   항 순 중 생

아홉째는 항상 중생들을 수순함이요,

아홉째, 항상 중생들을 수순함이란, 사람이 사람과 더불어 살다 보면 자신을 비우고 오로지 다른 사람들의 의견과 생활방식만을 수순하기란 참으로 어렵다. 아주 가까운 부부 사이도 그렇고, 부모자식 사이라 하더라도 그렇고, 형제나 친구 사이라 하더라도 그렇다. 이유는 모두가 하나하나 독립된 인격체이기 때문이리라. 어떤 사람이든 각자 자신의 견해와 시각을 가지고 있으며 독립된 세계를 가지고 있다. 그와 같은 상황에서 자신을 철저히 비우고 오로지 다른 사람의 의견과 생활습관을 수순하여 산다는 것은 참으로 훌륭한 일이다. 진정 아름다운 보살의 마음이다.

가끔 이런 말을 듣는다. "참다가 참다가 이제 한계에 이르렀다. 더 이상은 못 참는다. 나도 이제는 내 마음대로 살 것이다."라고 하면서 지금까지 수년, 수십 년을 견디고 살아온 사이를 하루아침에 무너뜨리고 마는 사람들이 있다. 꽤 잘 살아온 것 같지만 그것은 아니다. 그렇게 되면 어디에서 도 그 보상을 받을 곳이 없다. 처음부터 자신을 비우고 오로지 수순하는 자세로 살았어야 옳다. 사실은 알고 보면 설사 수순하지 않고 자기 방식대로 살았어도 실은 별수가 없다. 공연한 아집我執을 부리는 것에 불과하다. 참으로 수순하는 삶은 불평도 없다. 자신이 수순한다는 생각이 없이 수순하는데 무슨 불평과 기대가 있겠는가. 이것이 보살의 아름다운 삶의 또 한 모습이다. 그래서 자신을 비우고 다른 사람들에게 수순하는 것을 불자의 대표적인 덕목이라 한다.

십 자   보 개 회 향
十者는 普皆廻向이니라

열째는 모두 다 회향함입니다."

열째, 모두 다 회향함이란, 기도회향, 불사회향, 선근회향 등 회향이라는 말을 많이 쓰는데 회향은 불교의 수많은 용어 중에서 매우 훌륭하고 우수한 낱말이다. 공덕을 쌓고

복을 짓고 지혜를 닦아도 회향이 없으면 아무런 의미가 없다고 본다. 회향은 자신이 닦은 수행과 공덕과 지혜를 모두 남을 위해서 나눠 주라는 뜻이다. 조그마한 어떤 복덕도 모두 남을 위해서 쓸 줄 아는 사람이 보살이며 불자이다. 그것이 물질적인 것이든 정신적인 것이든 육신의 능력이든 모두 남에게 회향해야 한다. 회향하지 않으면 정체되고 정체되면 변질된다. 나중에는 아무런 쓸모없는 것이 되고 만다.

인생이 일생을 사는 동안을 요즘은 1백년 전후로 잡는다. 그렇다면 무엇을 하고 살았든 늦어도 40세가 되면 회향하는 시간으로 생각해야 한다. 돈을 버는 사람은 돈으로 회향하고, 지식을 쌓은 사람은 지식으로 회향하고, 기술을 익힌 사람은 기술로 회향하고, 부귀공명을 가진 사람은 부귀공명으로 회향해야 한다. 불교 공부를 하고 도를 닦으며 수행에 전념하는 사람일수록 더욱 그것을 다른 사람들에게 회향하는 시기로 삼아야 한다.

인생 40이 되어서도 회향하지 않으면 다시 또 언제 회향하겠는가. 얻을 것은 다 얻었고 닦을 것은 이제 다 닦았다. 설사 1백 세가 되는 날까지 발전하고 전진한다 하더라도 40

세부터는 회향하면서 나아가야 한다. 그렇지 못하면 세상에 아무런 쓸모없는 존재가 되고 만다. 자기 자신만을 위해서 사는 소승小乘이라는 사람이 곧 그런 사람이다. 바람직한 불교인은 자신이 가진 아주 작은 것이라 하더라도 남들에게 회향하는 삶을 살 줄 알아야 한다. 회향이 없는 인생은 사람다운 사람, 즉 보살이 아니다.

　보현행원품이 화엄경의 결론이며 불교의 결론이라고 말하는 뜻이 여기에 있다. 보현보살과 같은 보살행을 실천하는 것이 불교다. 열 가지 지극히 상식적이면서 아주 빼어난 아름다운 마음씨와 구체적인 실천 모습이다. 성불成佛을 해서 무엇을 하자는 것인가. 사람들을 제도하기 위한 능력 배양이다. 사람들을 제도하는 것이 불교의 목적이며 불교 공부의 결실이기 때문이다. 사람들을 제도한다는 것은 곧 보현보살의 열 가지 구체적인 행동지침의 실현을 말한다.

　　　선 재　　　백 언　　　대 성　　　　운 하 예 경　　　　내 지 회
　　善財가　白言호대　大聖이시여　云何禮敬으로　乃至廻

37

四十. 보현행원품普賢行願品

향
向이니잇고

　선재동자가 말하였습니다. "큰 성인이시여, 어떻게
예배하고 공경하며, 내지 어떻게 회향합니까?"

　보현보살이 부처님의 한량없는 공덕을 찬탄하고 그와
같은 공덕을 성취하려면 열 가지 광대한 행원을 닦아야 함을
말씀하시고, 다시 그 열 가지 덕목을 낱낱이 열거하여 밝혔
다. 그러자 선재동자는 자세히 설명하여 주기를 청하였다.

　(1) 모든 부처님께 예배하고 공경하다

　　보현보살　　고선재언　　　선남자　　언예경
　　普賢菩薩이　告善財言하사대　善男子야　言禮敬

　제불자　　소유진법계허공계시방삼세일체불
　諸佛者는　所有盡法界虛空界十方三世一切佛

　　찰극미진수제불세존　　아이보현행원력고
　　刹極微塵數諸佛世尊을　我以普賢行願力故로

　　심심신해　　여대목전　　실이청정신어의업
　　深心信解하야　如對目前하야　悉以清淨身語意業

상 수 예 경
으로 **常 修 禮 敬**호대

보현보살이 선재동자에게 말하였습니다. "선남자여,
모든 부처님께 예배하고 공경한다는 것은 온 법계 허공
계 시방삼세 모든 세계의 아주 작은 먼지만치 많은 수
의 모든 부처님들께 나의 보현의 수행과 서원의 힘으로
깊은 마음으로 믿고 이해하여 마치 눈앞에서 뵈옵듯이
받들고, 청정한 몸과 말과 뜻으로 항상 예배하고 공경
하는 것입니다."

일 일 불 소   개 현 불 가 설 불 가 설 불 찰 극 미 진
一一佛所에 **皆現不可說不可說佛刹極微塵**

수 신   일 일 신   변 예 불 가 설 불 가 설 불 찰 극
數身하야 **一一身**으로 **徧禮不可說不可說佛刹極**

미 진 수 불   허 공 계 진   아 례 내 진   이 허
微塵數佛이니 **虛空界盡**하면 **我禮乃盡**이어니와 **以虛**

공 계   불 가 진 고   아 차 예 경   무 유 궁 진
空界가 **不可盡故**로 **我此禮敬**도 **無有窮盡**이며

"낱낱 부처님의 처소에 불가설 불가설 불찰미진수의

몸을 나타내어 그 한 몸 한 몸이 불가설 불가설 불찰미진수의 부처님께 두루두루 다 예경하는 것입니다. 허공계가 다하여야 나의 이 예경함도 다하려니와 허공계가 다할 수 없으므로 나의 이 예배하고 공경함도 다함이 없습니다."

여 시 내 지 중 생 계 진   중 생 업 진   중 생 번
如是乃至衆生界盡하고 **衆生業盡**하고 **衆生煩**

뇌 진   아 례 내 진   이 중 생 계   내 지 번 뇌
惱盡하면 **我禮乃盡**이어니와 **而衆生界**와 **乃至煩惱**가

무 유 진 고   아 차 예 경   무 유 궁 진   염 념 상 속
無有盡故로 **我此禮敬**도 **無有窮盡**이니 **念念相續**

무 유 간 단   신 어 의 업   무 유 피 염
하야 **無有間斷**하야 **身語意業**이 **無有疲厭**이니라

"이와 같이 내지 중생의 세계가 다하고, 중생의 업이 다하고, 중생의 번뇌가 다하여야 나의 예경함도 다하려니와, 중생계와 내지 중생의 번뇌가 다함이 없으므로 나의 이 예배하고 공경함도 다함이 없습니다. 염념이 계속하여 쉬지 않건만 몸과 말과 뜻으로 하는 이 일은 지

치거나 싫어함이 없습니다."

아름다운 삶을 살고자 하는 보살의 열 가지 인생지침 중에 첫째는 사람 사람을 부처님으로 받들어 섬기고 예배하고 공경한다는 것이다. 우선 경문에는 분명히 부처님이라고 하였는데 왜 자꾸 사람들이라고 하는가. 화엄경의 근본종지 중에 반드시 생각하고 기본으로 삼아야 하는 구절은 "마음과 부처와 중생, 이 셋은 차별이 없다[心佛及衆生 是三無差別]."라는 것이다. 그러므로 사람의 다른 호칭이 부처님이다. 그리고 경문에 "온 법계 허공계 시방삼세 모든 세계의 아주 작은 먼지만치 많은 수의 모든 부처님들"이라고 하였다. 그 말은 역사상에 기록된 석가모니불이나 경전상의 아미타불이나 연등불과 같은 부처님을 지칭하는 것이 아니다. 그분들이야 과연 몇 분이 되는가.

저 많은 부처님이란 곧 모든 사람을 뜻하며, 나아가서 모든 생명체를 가리키며, 좀 더 정확하게 말하면 삼라만상과 우주만유를 가리킨다. 그러나 어떤 경우든 지금 우리에게 문제되는 사항만 문제시해야 한다. 그러므로 경전의 뜻이 아무리 광대하고 폭이 넓다 하더라도 잠시 제쳐두고 사람의 문제를 우선적으로 다루어야 한다. 사람의 문제가 해결된 뒤에 우주만유와 삼라만상에 눈을 돌려야 하기 때문이다.

　우주만유와 자연과 삼라만상을 모두 다 부처님으로 받들어 섬기며 예경할 수 있다면 그야 두말할 것도 없이 가장 훌륭한 일이다. 사람 사람을 모두 부처님으로 생각하고 예배하고 공경하는 것이 무엇보다 필요한 수행이며 보살행이기 때문이다. 사람을 받들어 섬기며 예경하는 일이 사람과 사람 관계에서 무엇보다 가장 필요한 일이며 행복의 지름길이기 때문이다. 사람들을 부처님으로 받들어 섬기고 예경하면 그도 행복하고 나도 또한 행복하다. 만약 사람이 부처님이 아니라면 법화경의 상불경常不輕보살은 참선도 하지 않고, 경전도 읽지 않고, 기도도 하지 않고, 염불도 하지 않으면서 만나는 사람마다 부처님으로 받들어 섬기며 예경하는 것으로 수행을 삼지 않았을 것이며, 가장 가치 있고 소중한 일로 삼지 않았을 것이다. 경전 중의 왕이라는 법화경의 가르침이 어찌 허망한 말이겠는가.

　사찰의 법당에 와서 불상에게 예경하는 것은 훈련이며 연습이다. 법당에서 훈련한 것을 가정에서 직장에서 사람들을 만났을 때에 익숙하게 그리고 당연한 일인 것처럼 여기고 자연스럽게 실천하자는 것이다. 예컨대 만약 운동선수가 연습장에서는 실수 없이 잘하면서 실전에서 어찌할 바를 모르고 실수를 연발한다면 그 경기가 어떻게 되겠는가. 명심하고 또 명심할 일이다.

보통 사람들은 처음에 정신을 바짝 차리면 한두 번은 부처님으로 예경할 수 있다. 마음이 편안하고 나에게 잘 보일 때는 조금은 부처님으로 볼 수도 있다. 그러다가 금방 잊어버리고 부처님을 아귀처럼 아수라처럼 혹은 동물처럼 대한다. 분노하여 화를 내고 욕심을 부리고 피해도 입히고 욕도 하고 악담도 하고 음해도 서슴지 않는다. 무엇이나 초심初心을 잃지 않아야 한다. 그래서 경전에서 어떤 경우라도 끊임없이 예경하는 일을 "이와 같이 중생의 세계가 다하고 중생의 업이 다하고 중생의 번뇌가 다하여야 나의 예경함도 다하려니와, 중생계와 내지 중생의 번뇌가 다함이 없으므로 나의 이 예배하고 공경함도 다함이 없습니다. 염념이 계속하여 쉬지 않건만 몸과 말과 뜻으로 하는 일은 지치거나 싫어함이 없습니다."라고 하였다. 이와 같이 예경하는 일을 일상사처럼 하고 숨을 쉬는 일처럼 해야 한다. 경문의 내용은 참으로 눈물겨운 보살의 아름다운 비원이다.

(2) 부처님을 우러러 찬탄하다

부 차 선 남 자   언 칭 찬 여 래 자   소 유 진 법 계 허
復次善男子야 言稱讚如來者는 所有盡法界虛

공 계 시 방 삼 세 일 체 찰 토 소 유 극 미 일 일 진 중
空界十方三世一切刹土所有極微一一塵中에

개 유 일 체 세 계 극 미 진 수 불   일 일 불 소   개 유
皆有一切世界極微塵數佛하며 一一佛所에 皆有

보 살 해 회 위 요
菩薩海會圍繞어든

"선남자여, 부처님을 찬탄한다는 것은 온 법계와 허공계, 시방삼세 일체 국토의 아주 작은 낱낱 먼지 가운데에 일체 세계의 아주 작은 먼지 수처럼 많은 부처님이 계시고, 낱낱 부처님이 계신 데마다 다 보살 대중들이 모여 둘러싸고 모시는 것입니다."

아 당 실 이 심 심 승 해 현 전 지 견 　 각 이 출 과 변
我當悉以甚深勝解現前知見으로 各以出過辯

재 천 녀 미 묘 설 근 　 일 일 설 근 　 출 무 진 음 성 해
才天女微妙舌根하야 一一舌根에 出無盡音聲海

　 일 일 음 성 　 출 일 체 언 사 해 　 칭 양 찬 탄 일
하며 一一音聲에 出一切言詞海하야 稱揚讚歎一

체 여 래 제 공 덕 해 　 궁 미 래 제 　 상 속 부 단
切如來諸功德海호대 窮未來際토록 相續不斷하야

진 어 법 계 　 무 부 주 변
盡於法界하야 無不周徧이니라

"내가 마땅히 매우 깊고 훌륭한 지혜로써 부처님 앞
에 나타나 있듯이 알아보며, 변재가 뛰어난 하늘 여인
의 미묘한 혀보다 더 훌륭한 혀를 내어 그 낱낱 혀로 그
지없는 소리를 내고, 낱낱 소리로 온갖 말을 다 내어,
모든 부처님들의 온갖 공덕을 찬탄하는 것입니다. 그 찬
탄이 오는 세월이 다하도록 계속하여 그치지 않아 온
법계에 두루두루 하는 것입니다."

여 시 허 공 계 진　　중 생 계 진　　중 생 업 진
如是虛空界盡하며 衆生界盡하며 衆生業盡하며

중 생 번 뇌 진　　아 찬 내 진　　이 허 공 계　　내 지
衆生煩惱盡이면 我讚乃盡이어니와 而虛空界와 乃至

번 뇌　무 유 진 고　　아 차 찬 탄　　무 유 궁 진　　염 념
煩惱가 無有盡故로 我此讚歎도 無有窮盡이니 念念

상 속　　무 유 간 단　　신 어 의 업　　무 유 피 염
相續하야 無有間斷하야 身語意業이 無有疲厭이니라

"이와 같이 하여 허공계가 끝나고 중생계가 끝나고
중생의 업이 끝나고 중생의 번뇌가 끝나야 나의 찬탄이
끝나려니와, 허공계와 내지 중생의 번뇌가 끝날 수 없
으므로 나의 찬탄도 끝나지 않습니다. 염념이 계속하여
잠깐도 쉬지 않건만 몸과 말과 뜻으로 하는 이 일은 지
치거나 싫어함이 없습니다."

사람을 만나면 제일 먼저 진심으로 예경하여야 한다. 그
러고는 마음이 가득 담긴 말씀으로 찬탄을 하여야 한다. 그
리고 무엇이든 건네주어야 한다. 또 헤어질 때는 반드시 격
려하고 빌어 줘야 한다. 이쯤만 되어도 참 좋은 사람이다.
인품이 된 사람이다. 아름다운 보살이라 할 만하다. 찬탄이

란 칭찬이며 건네주는 것이란 공양이며 격려와 빌어 줌이란 축원이다.

이 글에서는 찬탄을 이야기할 차례다. 이 경전의 서두에서도 "그때에 보현보살마하살은 부처님의 거룩한 공덕을 찬탄하고 나서 여러 보살과 선재동자에게 말하였다."라고 시작하였다. 어느 특정한 한 사람 한 부처님만을 찬탄하는 것이 아니라 이루 다 헤아릴 수 없이 많고 많은 부처님들께 나도 또한 이루 다 헤아릴 수 없이 많고 많은 몸을 나타내어 찬탄한다.

무슨 뜻인가 하면, 모든 존재는 가만히 살펴보면 중중重重 중중 중중하고 무진無盡 무진 무진하여 중중무진과 무진중중으로 서로서로 연관관계를 맺고 있다는 것이다. 다시 말하면 이 세상에 존재하는 모든 사람과 사람, 자연과 자연, 사람과 자연은 모두가 밀접한 관계 속에서 살아가고 있다는 사실을 깨달아 일체 존재를 나 자신을 위하듯이 존중하고 찬탄하면서 살아가야 인류가 바라는 평화와 행복이 보장된다는 것이다.

흔히 "찬탄할 만한 것이 없는데 무엇을 찬탄한단 말인

가?"라고들 하지만 그것은 안목이 부족해서다. 열린 안목으로 잘 살펴보면 아무리 악한 사람도, 아무리 못난 사람도, 아무리 쓸모없는 물건도 모두가 좋은 점이 있고 쓸모가 있다. 그것만이 갖는 독특한 매력과 장점이 있게 마련이다. 그러나 궁극적으로는 매력과 장점이 있어서 찬탄하는 것이 아니다. 존재 자체만으로도 세상을 장엄하였기에 충분히 찬탄할 일이다.

설사 그와 같은 차원이 아니고, 백보 양보하여 우리들의 일상에서 가족과 이웃과 친지들을 칭찬하는 일도 마음만 먹으면 찬탄할 점이 많다. 요는 자신에게 남들을 찬탄할 마음이 준비되어 있는가 하는 문제이다. 아름다운 삶을 살려는 보살은 남을 찬탄할 마음의 준비가 항상 되어 있는 사람이다.

불자는 보살의 삶을 지향하는 사람들이다. 언제 누구에게나 찬탄할 마음의 준비를 하고 하루를 시작하는 것이 빼놓을 수 없는 중요한 덕목이다. 한두 번에 지치거나 싫증내지 말라. "남을 헐뜯고 비방하고 음해하는 일은 어제까지로서 끝이다. 나의 삶에 그와 같은 일은 아예 없다. 앞으로

는 영원히 누구를 막론하고 찬탄하며 살리라."라는 강인
한 서원을 세워서 자신의 일상이 되게 하자. 그래서 허공계
가 끝나고 중생계가 끝나고 중생의 업이 끝나고 중생의 번
뇌가 끝날 때까지 사람들을 찬탄하며 살자.

(3) 널리 공양하다

1〉 꽃과 향과 등불로 공양하다

부차선남자 언광수공양자 소유진법계허
復次善男子야 言廣修供養者는 所有盡法界虛

공계시방삼세일체불찰극미진중 일일각유
空界十方三世一切佛刹極微塵中에 一一各有

일체세계극미진수불 일일불소 종종보살
一切世界極微塵數佛하며 一一佛所에 種種菩薩

해회 위요 아이보현행원력고 기심신해
海會가 圍繞어든 我以普賢行願力故로 起深信解

현전지견 실이상묘제공양구 이위공
하며 現前知見하야 悉以上妙諸供養具로 而爲供

양
養이니라

"다시 또 선남자여, 널리 공양한다는 것은 온 법계 허공계의 시방삼세 모든 세계의 먼지 속에 낱낱이 모든 세계의 먼지 수처럼 많은 부처님이 계시고, 그 낱낱 부처님 처소마다 가지가지 보살 대중들이 모여 둘러싸고 모시는 것입니다. 내가 보현보살의 수행과 서원의 힘으로 깊은 믿음과 이해를 일으켜서 부처님 앞에 나타나 있듯이 알아보며, 모두 훌륭한 공양거리로 공양합니다."

널리 공양하는 덕목이다. 사람을 만나면 먼저 예경하고, 다시 찬탄의 인사말로 상대를 조금이라도 기분좋게 해 주고 다음은 말에 끝나지 않고 반드시 무엇인가를 가지고 공양 하는 일이다. 부처님을 믿고 사는 사람들은 스스로 부처님 이 좋고 부처님의 가르침이 좋고 부처님의 도량이 좋아서 다 닌다. 진정으로 좋아한다면 다른 사람에게도 그 좋은 것을 나누도록 해야 한다. 그래서 사람들을 만나면 언제든지 건 네줄 것을 준비하고 다녀야 한다. 음식도 좋고 생활에 필요 한 물건도 좋고 어느 사찰의 불사에 대한 소식도 좋고 합장 주合掌珠 하나도 좋지만 불자는 당연히 법공양法供養을 준비 하고 다녀야 한다.

법공양에 대해서는 뒤에 여러 가지가 소개되겠지만 우선 생각할 수 있는 것이 부처님의 가르침이 담긴 작은 책자이다. 필자는 강원의 학인들에게 늘 당부하기를 은사恩師스님을 뵙기 위해서나 어른들을 찾아갈 때는 빈손으로는 절대 가지 말라고 한다. 금정산의 돌 하나 나무 한 토막이라도 좋지만 법공양이 될 부처님의 가르침으로 공양 올리는 것이 가장 바람직한 일이라고 가르친다. 그것은 경전에 근거한 일이며 당연히 해야 할 일이기 때문이다. 법공양이 공양 중에는 최상의 공양이다.

반복되는 말이지만 무수히 많은 사람 부처님들을 만나서 어찌 그냥 지나칠 수 있으랴. 경전에서는 "온 법계 허공계의 시방삼세 모든 세계의 먼지 속에 낱낱이 모든 세계의 먼지 수처럼 많고 많은 부처님이 계신다."고 하였으나 우리가 할 수 있는 길은 우선 가장 가까운 사람 부처님부터 공양하는 것이다. 내 가족과 친지와 이웃과 동료들에게 가장 먼저 공양하고 나아가서 더 많은 사람들에게 공양하도록 생각해야 하리라. 사람을 보되 부처님을 눈앞에 대한 듯이 보기란 어렵더라도 내가 생각할 수 있는 가장 지극한 존경과 친절한 마음을 내어 공양하라는 뜻이다.

소위 화운   만운   천음악운   천산개운   천
所謂華雲과 鬘雲과 天音樂雲과 天傘蓋雲과 天

의복운   천종종향   도향   소향   말향   여
衣服雲과 天種種香과 塗香과 燒香과 末香이라 如

시등운   일일양 여수미산왕   연종종등   소
是等雲이 一一量如須彌山王하며 然種種燈호대 酥

등유등   제향유등   일일등주   여수미산
燈油燈과 諸香油燈이니 一一燈炷가 如須彌山하며

일일등유   여대해수   이여시등제공양구
一一燈油가 如大海水하야 以如是等諸供養具로

상위공양
常爲供養이니라

"이른바 꽃과 꽃다발과 천상의 음악과 천상의 일산
과 천상의 옷과 천상의 여러 가지 향과 바르는 향과 사
르는 향과 가루 향입니다. 이와 같은 무더기 하나하나
를 수미산과 같이 크게 합니다. 또 여러 가지 등불을 켜
는데 우유[酥] 등과 기름 등과 온갖 향유 등인데 낱낱 등

의 심지는 수미산과 같고, 낱낱 등의 기름은 큰 바닷물과 같은 이러한 공양거리로 항상 공양합니다."

부처님께 바치고 사람들에게 이바지하는 공양거리의 종류는 무수히 많다. 옛날 인도에서는 꽃 공양을 중요하게 생각한 관례가 있어서 그 전통이 지금까지 이어진다. 법당에 꽃을 올리는 것이나 불교행사 때 꽃으로 장식하는 것은 빼놓을 수 없는 일이다. 사람들 사이에 사랑을 표현할 때도 반드시 꽃을 바친다. 또 즐거운 일에는 음악이 빠질 수 없다. 그리고 햇볕이 뜨거운 인도에서는 해를 가리는 일산이 필수적이다. 옷이 귀하던 옛날에는 옷이야말로 매우 큰 공양이 된다. 이런 모든 것들을 아주 고급으로 장만하여 공양 올리므로 천상天上의 것이라 하였다. 향료가 발달한 인도에서는 향을 공양하는 것도 훌륭한 공양이었으리라. 전기가 없던 시절에 등불을 밝히는 일은 얼마나 값지고 소중한 일이었을까. 부처님께 올리는 공양거리로써 빠질 수 없다.

이와 같은 등의 공양거리로서 그 양은 세상에서 가장 큰 수미산과 같은 크기로 한다. 꽃이든 일산이든 옷이든 향이든 모두를 그렇게 많이 올린다. 등불 공양에는 등불의 심지는 수미산처럼 크게 하고, 기름은 저 큰 바닷물과 같은 양으로 한다고 하였다. 참으로 놀라운 일이다. 이 얼마나 크고 넉넉한 마음인가. 보시하고 공양할 때 돈이든 물건이든 음식이든 이와 같이 여한 없이 시원스럽게 해야 한다.

사찰에서는 공양시간이 되면 대상이 누구이든 "공양하십시오."라고 한다. 공양이라는 말은 부처님께 이바지하는 것을 뜻한다. 그런데 사람을 보고 공양하라는 그 말 속에는 그가 누구든 당신도 부처님이니 공양을 받아 마땅하다는 뜻이 담겨 있다. 부처님에게 공양을 올리러 온 사람이거나 사찰에 해를 끼치러 온 사람이거나 선악을 불문하고 모두가 부처님이니 공양 받아 마땅하다는 숭고하고 거룩한 뜻이 들어 있다. 그러므로 불자의 가정에서는 반드시 공양이라는 말부터 쓰는 습관을 길러야 한다고 권하고 싶다.

2〉 법공양法供養이 으뜸이다

선 남 자　제 공 양 중　법 공 양　최　소 위 여 설
善男子야 **諸供養中**에 **法供養**이 **最**니 **所謂如說**

수행공양 　이익중생공양 　섭수중생공양 　대
修行供養과 利益衆生供養과 攝受衆生供養과 代

중생고공양 　근수선근공양 　불사보살업공양
衆生苦供養과 勤修善根供養과 不捨菩薩業供養

불리보리심공양
과 不離菩提心供養이니라

"선남자여, 모든 공양 가운데는 법공양이 으뜸입니
다. 부처님 말씀대로 수행하는 공양과 중생들을 이롭게
하는 공양과 중생들을 거두어 주는 공양과 중생들의 고
통을 대신하는 공양과 부지런히 선근을 닦는 공양과 보
살의 할 일을 버리지 않는 공양과 보리심菩提心을 여의지
않는 공양이 그것입니다."

선남자 　여전공양무량공덕 　비법공양일
善男子야 如前供養無量功德으로 比法供養一

념공덕 　백분 　불급일 　천분 　불급일 　백
念功德컨대 百分에 不及一이며 千分에 不及一이며 百

천구지나유타분 　가라분 　산분 　수분 　유분
千俱胝那由他分과 迦羅分과 算分과 數分과 喩分

과 **優波尼沙陀分**에도 **亦不及一**이니라
<ruby>우파니사타분<rt></rt></ruby> <ruby>역불급일<rt></rt></ruby>

"선남자여, 먼저 말한 여러 가지로 공양한 한량없는 공덕을 한순간 잠깐 법으로 공양한 공덕에 비하면 백 분의 일이 못 되고, 천 분의 일이 못 되며, 백천구지나 유타 분의 일이 못 되며, 가라 분과 산분, 수분, 비유분과 우파니사타 분의 일도 못 됩니다."

위에서 든 온갖 값지고 귀한 물건들을 이 세상에서 제일 큰 수미산만치 쌓아 놓고 공양한다 하더라도 법공양과는 비교할 수 없다는 가르침을 주의 깊게 듣고 반드시 실천해야 하리라. 우리나라의 불교가 보다 널리 전파되지 못하고 그나마 정법이 아닌 삿된 법으로 알려진 것은 물질의 공양만 중요시하고 법공양을 등한시하였기 때문이다. 그런 면에서 이 보현행원품이 널리 읽혀져야 할 것이다.

사람의 식성食性에다 비추어서 말한다면 부처님의 식성에 맞는 음식은 법공양이다. 우리가 올리는 물질적 공양은 부처님의 식성을 무시하고 우리들의 입장에서 올리는 것이다. 그것은 마치 손님을 초대해 놓고 손님은 싫어하는데 자기 자신이 좋아하는 음식만을 대접하는 것과 같은 이치이다. 그것이 무슨 대접이 되겠는가. 반드시 그가 무엇을 즐겨 먹는지를 알아보고 대접하면 돈도 적게 들 것이고 손님도 흡족해하리라. 왜 이런 이치를 모르는가. 우리나라의 불자들은 너무나 이상할 정도다. 그동안 불공 올린 것을 되돌아보자. 무엇을 올렸는가. 부처님의 식성을 한 번이라도 생각하고 불공을 하였는가. 부처님은 관심이 없는데 자신이 좋아하는 것들을 올려놓고 불공을 하지는 않았는가.

법공양을 일곱 가지를 들고 있다.

첫째, 부처님 말씀대로 수행하는[如說修行] 공양이다. 부처님 말씀대로 수행하려면 부처님의 말씀을 알아야 하는 것이 무엇보다 우선이다. 말씀이란 곧 가르침이다. 불교란 두말할 것 없이 부처님[佛]의 가르침[敎]이다. 그러므로 부처님의 가르침을 먼저 공부하는 것은 당연한 일인데도 대다수의 불자들은 승속僧俗을 막론하고 그것을 등한시한다. 가르침을 알고 난 뒤에 그것을 수행하든지 하지 않든지 할 일이다. 그러므로 부처님의 가르침을 알게 하는 법공양이 제일 먼저다.

그래서 경전을 보시하고 법문을 들려주고 한쪽짜리의 일지경一紙經이라도 널리 전해 주는 일을 열심히 해야 한다. 이것이 우리가 할 수 있는 최소한의 법공양이며 다른 공양보다 월등하게 뛰어난 공양이라고 할 수 있다.

둘째, 중생들을 이롭게 하는[利益衆生] 공양이다. 중생들을 이롭게 한다고 하여 고급종교인 불교가 나서서 복지부나 다른 종교에서 흔히 하는 의식주 문제를 돌보는 것으로써 중생들을 이롭게 하는 공양을 다한 것이라고 생각해서는 안된다. 그것은 잘못된 생각이다. 부처님은 중생들에게 단 한 번도 의식주 문제를 도와준 일이 없다. 다만 참다운 이치[眞理]를 가르침으로써 중생들에게 공양을 하였고 보시를 하였다. 조사祖師스님들의 어록이 무수히 많건만 의식주 문제로써 중생들을 교화하였다는 기록은 거의 없다. 설사 그런 일이 있었다 하더라도 역사에 기록할 만한 일은 못 되기 때문이다. 역대 조사스님들도 오로지 진리의 가르침으로써 사람들에게 공양하고 보시하였다. 오히려 의식주 문제는 언제나 세상 사람들에게 의지하였다. 물론 법공양을 위한 방편으로 하는 것은 마땅하지만, 방편을 쓴다고 하여 방편에만 그치고 법공양이 없는 의식주 공양은 잘못이다. 그러므로 불자는 언제나 진리의 가르침으로써 공양하고 보시하려고 해야 한다. 그것이 법공양이며 다른 공양보다 수백만 배나 수승한 공양이 된다.

셋째, 중생들을 거두어 주는[攝受衆生] 공양이다. 자비심으로 사람들을 섭수하고 거두어 주는 일이다. 모두들 자기의 어린 자녀들은 사랑하는 마음으로 잘 거두어 준다. 자신의 어린 자녀들을 거두어 주는 마음으로 모든 사람들을 잘 섭수하고 거두어 주는 일인데, 여기에서도 가능하면 아니 절대적으로 진리의 가르침으로 섭수하고 거두어 주어야 한다. 부모가 자녀를 거두어 주는 일은 사람이면 다 하는 일이다. 자선단체에서도 얼마든지 하는 일이다. 불교라는 이름하에 사람들을 거두어 준다면 반드시 달라야 한다. 바른 이치로써 어리석은 생각과 견해를 깨우치고 바로잡아 주는 일이 불교적인 섭수다. 그래야 법공양이라고 할 수 있으며 다른 물질적 공양보다 수백만 배나 수승한 공양이라고 할 수 있다.

넷째, 중생들의 고통을 대신하는[代衆生苦] 공양이다. 불교를 믿는다는 것은 진정한 행복의 길을 가는 것이다. 다른 사람들의 고통을 대신하는 일도 진실한 불자에게는 행복이며 즐거움이다. 높은 산을 오르는 사람들을 다른 사람이 볼 때 위험을 무릅쓰고 그런 일을 왜 하는가라고 생각하지만 그들은 대단한 즐거움과 행복이 있기 때문에 하는 것이다.

인생을 살아가면서 자신에게 닥쳐온 고통도 감내하기 어려운데 남의 고통까지 대신한다는 것은 보통 사람의 상식으로는 이해가 되지 않는다. 그러나 보살의 자비심이 있는 사람은 자신의 고통은 잊은 지 오래다. 다만 다른 사람들이 고통을 받고 있는 사실이 눈에 보이고 마음이 아플 뿐이다. 그래서 그들의 고통을 대신하는 일로써 자신의 행복과 즐거움을 삼는다. 이런 일은 부처님의 마음에 계합하는 일이다. 이것이 다른 물질적 공양보다 수백만 배나 수승한 법공양이다.

다섯째, 부지런히 선근을 닦는[勤修善根] 공양이다. 불교를 믿고 공부하고 실천하는 일은 모두가 선근을 닦는 일이다.

선근을 닦는 일은 모두가 사람들에게 이익이 되고 행복이 되는 일이기 때문이다. 그렇다면 불교를 믿고 공부하고 실천하는 일은 당연히 사람들의 이익과 행복에 도움이 되어야 한다.

만약 불교를 한다고 하면서 사람들의 이익과 행복에 도움이 되지 않는다면 그것은 불교가 아니다. 그래서 자기 자신만을 위해서 공부하는 소승小乘들을 불교에 붙어 사는 외도外道라 하지 않던가. 차라리 지옥과 아귀와 축생으로 돌아다닐지언정 자기만을 위한 소승은 되지 말라고 경고한다.

그리고 불교를 통한 선근을 닦더라도 또 한 가지 기억해야 할 것이 있다. 세상의 온갖 잡다한 것으로 사람들에게 이익을 주기보다는 부처님이 깨달으시고 널리 전하신 진리의 가르침으로 이익이 되게 해야 하는 것이다. 그것이 불교만이 갖는 특색이며 장점이다. 그렇게 할 때 다른 물질적 공양보다 수백만 배 우수하고 뛰어난 공양이 될 수 있다.

여섯째, 보살의 할 일을 버리지 않는[不捨菩薩業] 공양이다.

보살의 할 일이 무엇일까. 보살의 할 일이 많고 또 많지만 흔히 두 가지를 든다. 보살은 부단히 자신의 향상과 발전을 위해서 정진하고, 한편으로는 열심히 다른 사람들의 이익과 행복에 도움이 되는 일을 하는 것이다. 이것이 상구보리上求菩提며 하화중생下化衆生이다.

자신의 향상과 발전을 위해서 정진한다 하더라도 잘 살펴서 해야 한다. 지혜롭고 현명하게 해야 한다. 세상에는 가르침도 많고 공부를 해야 할 것도 많다. 잘 살펴서 가장 우수한 공부, 즉 성인이 가르치신 인류 최고의 공부를 해야 사람들에게도 보다 훌륭한 혜택을 베풀 수 있기 때문이다. 그리고 열심히 다른 사람들의 이익과 행복을 위한 일을 한다 하더라도 차원이 다르게 해야 한다. 진정 보살의 남을 위한 일이라면 반드시 부처님이 하시고 조사님들이 하셨듯이 진리의 가르침으로 해야 한다. 그것이라야 경전에서 밝힌 대로 다른 물질적 공양보다 수백만 배 수승한 공양이 되기 때문이다. 이와 같은 일이 보살의 할 일을 버리지 않는 공양이다.

일곱째, 보리심을 여의지 않는[不離菩提心] 공양이다. 보리심이란 무엇인가. 깨달은 사람의 마음이다. 깨달은 사람의 마음이란 깨달은 사람, 즉 부처님과 조사님들이 중생들을 대하여 쓰는 마음이다. 흔히 보살의 자비심으로도 표현된다. 부처님과 조사님들이 중생들을 대하여 쓰는 마음은 자나깨나 고통받는 중생들을 건져 주려는 마음이며, 어리석은 중생들을 지혜의 가르침으로 깨우쳐 주려는 마음이며, 어떤 방편을 쓰더라도 진리의 길로 인도하려는 마음이다.

마치 바다에 빠진 사람이 송장이라도 타고 헤엄을 쳐서 바다에서 벗어나야 한다는 절박한 심정으로 중생들을 제도하려는 것이다. 또 사형에 처한 죄수가 화장실의 똥통 속을 지나서라도 도망칠 수 있다면 얼마든지 할 수 있듯이 보살은 중생들을 위한 일이라면 무엇이든 마다하지 않는다. 이러한 마음이 보리심이다. 이러한 마음을 여의지 않는 공양이 진정한 법공양이며 다른 물질적 의식주를 공양하는 것보다 수백만 배나 수승한 공양이다.

그러므로 불교를 아는 불자라면 당연히 모든 재산과 모든 능력과 모든 시간을 법공양에 써야 한다. 불자는 법공양의 진정한 가치를 알기 때문이다. 경전에서 밝힌 대로 "꽃과 꽃다발과 천상의 음악과 천상의 일산과 천상의 옷과 천상의 여러 가지 향과 바르는 향과 사르는 향과 가루 향들을 수미산과 같이 크게 공양하고, 또 여러 가지 등불을 켜는데 우유 ﹝酥﹞등과 기름 등과 온갖 향유 등인데 낱낱 등의 심지는 수미산과 같고, 낱낱 등의 기름은 큰 바닷물과 같은 이러한 공양거리로 항상 공양한다."고 하는 것보다 법공양이 수백만 배, 수천만 배, 수억만 배 더 수승하기 때문이다. 진정으로 부처님께 공양﹝佛供﹞하는 일이 무엇인가를 이 보현행원품은 너무나도 명확하게 밝히고 있다. 그래서 보현행원품을 화엄경의 결론이며 불교의 결론이라고 한다.

하 이 고　　이 제 여 래　　존 중 법 고　　이 여 설 행
何以故오 以諸如來는 尊重法故며 以如說行에

출 생 제 불 고　　약 제 보 살　　행 법 공 양　　즉 득 성
出生諸佛故라 若諸菩薩이 行法供養하면 則得成

취 공 양 여 래　　여 시 수 행　　시 진 공 양 고
就供養如來니 如是修行이 是眞供養故니라

"왜냐하면 모든 부처님들은 법을 존중하기 때문입니

다. 부처님의 말씀대로 수행하는 것이 부처님을 출생하기 때문입니다. 만약 모든 보살들이 법공양을 행하면 이것이 곧 부처님께 공양함을 성취하는 것이며, 이와 같이 수행함이 진실한 공양이기 때문입니다."

차 광 대 최 승 공 양　　　허 공 계 진　　　중 생 계 진
此廣大最勝供養을 虛空界盡하며 衆生界盡하며

중 생 업 진　　　중 생 번 뇌 진　　　아 공 내 진　　　이
衆生業盡하며 衆生煩惱盡하면 我供乃盡이어니와 而

허 공 계　　　내 지 번 뇌　　　불 가 진 고　　　아 차 공 양　　　역
虛空界와 乃至煩惱가 不可盡故로 我此供養도 亦

무 유 진　　　염 념 상 속　　　무 유 간 단　　　신 어 의 업
無有盡이니라 念念相續하야 無有間斷하야 身語意業

　　무 유 피 염
이 無有疲厭이니라

"이것은 넓고 크고 가장 훌륭한 공양이니 허공계가 끝나고 중생계가 끝나고 중생의 업이 끝나고 중생의 번뇌가 끝나야 나의 공양이 끝나려니와 허공계와 내지 중생의 번뇌가 끝날 수 없으므로 나의 이 공양도 끝나지

않습니다. 염념이 계속하여 잠깐도 쉬지 않건만 몸과 말과 뜻으로 하는 일은 지치거나 싫어함이 없습니다."

왜 앞에서 끊임없이 법공양의 공덕을 강조하였는가. 다른 물질적인 공양의 공덕과 비교하면 도저히 상상할 수 없을 정도로 엄청난 차이가 있다고 하였는가. 모든 지혜롭고 현명한 사람이며 진리를 깨달은 사람인 부처님은 법을 존중하기 때문이다. 또한 진리를 깨달은 사람들의 가르침대로 수행하면 곧 깨달은 사람들이 쏟아지기 때문이다. 그래서 금강경에서도 깨달음의 가르침에 의하여 깨달은 사람이 출생한다고 하였다. 깨달음의 가르침을 법이라고 한다. 그래서 법공양을 그토록 강조하는 것이다. 그리고 만약 법공양을 행하면 그것은 곧 부처님에게 공양하는 일이 되기 때문이다.

그런데 우리는 부처님에게 공양하는 일을 불공佛供이라고 하여 부처님의 생각은 아랑곳하지 않고 사람들이 좋아하는 돈이나 쌀이나 먹을 것이나 기타 물질적인 것들을 불상 앞에 올리는 것으로써 불공이라 한다. 그러고는 무엇을 얼마나 맡겨 두었는지 빌고 또 빌고, 조르고 또 조른다. 한 번 빌고 두 번 빌고 세 번까지 빈다. 그것을 재고축再告祝 삼고축 三告祝이라 한다. 부처님의 마음을 몰라도 너무나 모르는 처 사다. 법공양을 해야 참으로 부처님에게 공양하는 것이 된 다는 사실을 이제는 알아야 할 때다. 늦었으나 지금부터라 도 올바른 불공을 해야 불교가 바로 갈 것이며 많은 사람에 게 이익이 있을 것이다.

불교의 특색을 수행이라고 하는데 보현행원품에서 밝히 기를 부처님의 가르침대로 하는 것이 수행이며, 따라서 그것 이 진실한 법공양이라고 하였다. 광대하고 가장 훌륭한 공 양이라고 하였다. 그래서 가르침을 널리 전하는 것을 가장 우수한 법공양이라고 생각하여 경전을 많은 사람들에게 널 리 전하는 일을 열심히 하는 것이다. 참다운 불공, 즉 법공 양하는 일을 허공계가 끝나고 중생계가 끝나고 중생의 업이 끝나고 중생의 번뇌가 끝날 때까지 하는 것, 이것이 보살의 할 일이며 불자가 신명을 다 바쳐 할 일이다. 보살이 되기 위 한 덕목이 아니라 필수적으로 자신의 모든 재산과 능력과 시간을 다 기울여 해야 할 일이다.

사람의 삶이란 눈을 뜨면서부터 하루 종일, 일 년 내내, 또는 평생 동안 사람을 만나는 일이다. 아내를 만나고, 남편을 만나고, 부모를 만나고, 자녀를 만나고, 이웃을 만나고, 동료를 만나고, 도반을 만나는 등의 일로 일관되어 있다. 그렇다면 사람을 만났을 때 어떤 태도를 취하는 것이 가장 바람직한 일이며, 사람을 통해서 평안과 행복을 느끼는 일이 될까.

그것은 곧 이 보현행원품에서 가르치고 있는 위의 세 가지 가르침이 답이다. 사람을 만났을 때 가장 먼저 예를 다하는 것이다. 다음으로 상대를 찬탄하는 것이다. 그리고 무엇인가를 공양하고 이바지하는 것이다. 그것이 예경제불禮敬諸佛이며, 칭찬여래稱讚如來며, 광수공양廣修供養이다. 이 세 가지만 잘한다면 사람 관계에서의 평화와 행복은 보장되어 있다. 결코 잊어서는 안 될 덕목이다.

(4) 업장을 참회하다

부차선남자 언참제업장자 보살 자념
復次善男子야 **言懺除業障者**는 **菩薩**이 **自念**호대

아 어 과 거 무 시 겁 중 유 탐 진 치 발 신 구 의
我於過去無始劫中에 **由貪瞋癡**하야 **發身口意**하야

작 제 악 업 무 량 무 변 약 차 악 업 유 체 상 자
作諸惡業이 **無量無邊**하니 **若此惡業**이 **有體相者**인댄

진 허 공 계 불 능 용 수
盡虛空界에 **不能容受**라

"선남자여, 업장을 참회한다는 것은 보살이 스스로 생각하기를 '내가 지나간 세상 아주 오랜 겁 동안에 탐내고, 성내고, 어리석은 탓으로 몸과 말과 생각을 놀리어 온갖 악한 업을 지은 것이 한량없고 가없으니, 만일 그 악한 업이 형상이 있다면 끝없는 허공으로도 그것을 다 용납할 수 없으리라.

아 금 실 이 청 정 삼 업 변 어 법 계 극 미 진 찰 일
我今悉以淸淨三業으로 **偏於法界極微塵刹一**

체제불보살중전　　성심참회　　후불부조
切諸佛菩薩衆前하야 **誠心懺悔**하고 **後不復造**하야

항주정계일체공덕
恒住淨戒一切功德이라하니라

　　내가 이제 청정한 세 가지 업으로 법계에 두루 한 아
주 작은 먼지 수와 같이 많은 세계의 모든 부처님과 보
살대중 앞에 지성으로 참회하고 다시는 악한 업을 짓지
않으며 깨끗한 계율의 모든 공덕에 항상 머물리라.' 라
고 하는 것입니다."

　　여시허공계진　　중생계진　　　중생업진
　　如是虛空界盡하며 **衆生界盡**하며 **衆生業盡**하며

중생번뇌진　　아참내진　　　이허공계　내지
衆生煩惱盡이면 **我懺乃盡**이어니와 **而虛空界**와 **乃至**

중생번뇌　불가진고　　아차참회　무유궁진
衆生煩惱가 **不可盡故**로 **我此懺悔**도 **無有窮盡**이니

염념상속　　무유간단　　신어의업　무유피염
念念相續하야 **無有間斷**하야 **身語意業**이 **無有疲厭**

이니라

"이와 같이 허공계가 끝나고, 중생계가 끝나고, 중생의 업이 끝나고, 중생의 번뇌가 끝나야 나의 참회도 끝나려니와, 허공계와 내지 중생의 번뇌가 끝날 수 없으므로 나의 이 참회도 끝나지 않습니다. 염념이 계속하여 잠깐도 쉬지 않건만 몸과 말과 뜻으로 하는 일은 지치거나 싫어함이 없습니다."

업장을 참회한다는 것은 자신의 잘못이 있어서 하는 참회만은 아니다. 자신의 업장과 다른 사람의 업장까지 모두 다 참회한다. 세상이 이처럼 어렵고 힘들고 고통이 많은 것은 그 원인이 대개는 사람들이 악한 업을 지어서 돌아오는 결과다. 이미 가지고 있으면서 더 가지려고 탐욕을 부려서 생명을 빼앗고, 재산을 빼앗고, 나라를 빼앗고, 권력을 빼앗느라고 숱한 악업을 거침없이 짓는다. 권모술수와 음모를 꾸며서 사정없이 빼앗는다. 인류 역사에서 벌어진 모든 전쟁은 더 가지려는 탐욕에서 시작되었다. 탐욕 이외에 다른 아무것도 아니다. 또한 의식주가 충분하건만 더 가지려고 막무가내로 자연을 훼손하여 사람들에게 돌아오는 피해는 얼마인가.

성내는 일도 탐욕에 버금간다. 사람과 사람 관계에서의 싸움이나 전쟁이 대개는 탐욕이 원인이지만 때로 분노를 참지 못하여 일어나는 싸움과 전쟁도 적지 않다. 전쟁에 소모되는 인명과 물자는 또 얼마나 많은가. 나라와 나라 사이가 그렇고 사람과 사람 사이가 그렇다. 그로 인하여 저지르는 악업은 이루 말할 수 없이 많다. 석가모니 부처님은 일찍이 당신의 고국 카필라성을 침범하여 사람을 죽이고 나라를 빼앗은 이웃나라가 있었건만 마음을 텅 비우고 맞서서 싸우지 않고 원한을 품거나 원수를 갚으려고도 하지 않았다. 참고 견디고 용서하는 것만이 해결의 열쇠라는 사실을 알았기 때문이다.

탐욕과 분노 못지않게 어리석음이 또한 악업을 짓는 큰 원인이 되기도 한다. 어리석음이란 지혜가 없다는 뜻이기도 한데 실은 탐욕을 부리고 분노를 참지 못하는 것도 어리석음 때문이다. 현명하고 지혜로운 사람은 탐욕도 없고 분노도 없다. 모든 재산도 권력도 부귀영화도 그 근원을 알며 모든 존재의 근본을 꿰뚫어 보는 안목이 있으므로 결코 그와 같은 어리석은 짓을 하지 않는다. 그리고 보면 모든 악업의 근본 원인은 어리석음이라 해도 과언이 아니다. 세상에 어리석어서 남의 말이 먹히지 않거나 도대체 다른 사람을 배려하려는 마음이 전혀 없는 쇠말뚝 같은 사람은 어떻게 해 볼 도리가 없다. 그러므로 악업을 지을 수밖에 없다.

악업을 짓는 데는 몸과 말과 생각, 이 셋이 모두 동원이 된다. 그래서 신구의身口意 삼업으로 탐진치貪瞋癡를 부려 갖은 악업을 다 짓는다고 흔히 말하고 있다. 내가 지었거나 남이 지었거나 그 지은 악업이 만약 형상이 있다면 얼마나 클까. 경전에서 말한 바대로 저 드넓은 허공으로도 그것을 다 수용하지 못하리만치 크고 많으리라. 그것을 본래로 청정하여 텅 비어 없는 신구의 삼업으로 참회한다고 한 것은 신구의의 세 가지도 텅 비어 없으며, 그 셋이 짓는 업도 또한 텅 비어 없는 도리를 아는 일이다.

경전에 말하기를 "죄업이란 자성이 없는데 다만 사람의 마음으로부터 일어난다. 그런데 그 마음이란 것도 궁구해 보면 고정된 실체가 없다는 것을 알게 된다. 죄업의 근본 바탕인 마음이 근본 실체가 없다면 실체가 없는 것 위에 건립된 죄업이 또한 존재할 수 없는 이치이다. 이렇게 이해하면 죄업도 없고 마음도 없어서 모두가 청정하고 텅 비어 공적한 그 무엇뿐이다. 이것이 사람 사람들의 본래의 참모습이다. 없는 죄업을 참회할 것이 없지만 굳이 참회라고 한다면 이것이 참다운 참회라고 할 것이다[罪無自性從心起 心若滅時罪亦亡 罪亡心滅兩俱空 是卽名爲眞懺悔]."라고 하였다.

　이와 같은 참회가 없는 참회를 무수한 부처님과 보살 대중 앞에서 이 몸과 마음을 다해서 허공계가 끝나고 중생계가 끝나고 중생의 업이 끝나고 중생의 번뇌가 끝날 때까지 하염없이 하는 것, 이것이 또한 자신을 철저히 관리할 줄 아는 아름다운 보살의 쉼 없는 정진이요 생활이다.

(5) 남의 공덕을 따라 기뻐하다

부차선남자　언수회공덕자　소유진법계허
復次善男子야 言隨喜功德者는 所有盡法界虛

공계시방삼세일체불찰극미진수제불여래
空界十方三世一切佛刹極微塵數諸佛如來가

종초발심　위일체지　근수복취　불석신
從初發心으로 爲一切智하사 勤修福聚하야 不惜身

명
命하고 經不可說不可說佛刹極微塵數劫토록 一
경 불가설불가설불찰극미진수겁　　일

일겁중　사불가설불가설불찰극미진수두목
一劫中에 捨不可說不可說佛刹極微塵數頭目

수족
手足하야

"선남자여, 남의 공덕을 따라 기뻐한다는 것은 온 법
계 허공계 시방삼세 모든 세계의 아주 작은 먼지만치
많은 수의 여러 부처님들이 처음 발심한 때로부터 일체
지혜를 위하여 복덕을 부지런히 닦을 적에 몸과 목숨을
아끼지 않고, 이루 다 말할 수 없이 말할 수 없는 많은
세계의 아주 작은 먼지만치 많은 수의 겁을 지나는 동
안 낱낱 겁 가운데 이루 다 말할 수 없이 말할 수 없는
많은 세계의 아주 작은 먼지만치 많은 수의 머리와 눈
과 손과 발을 보시하는 것입니다."

여시일체난행고행　　원만종종바라밀문
如是一切難行苦行으로 圓滿種種波羅蜜門하고

증입 종종 보살 지지　성 취 제 불 무 상 보 리　급
證入種種菩薩智地하야 **成就諸佛無上菩提**와 **及**

반 열 반　분 포 사 리　소 유 선 근　아 개 수 희
般涅槃에 **分布舍利**한 **所有善根**을 **我皆隨喜**하며

"이와 같이 온갖 행하기 어려운 고행을 행하면서 갖
가지 바라밀다문을 원만히 갖추었습니다. 또한 갖가지
보살의 지혜에 들어가 모든 부처님의 가장 훌륭한 보리
를 성취하였으며, 열반에 든 뒤에는 그 사리를 나누어
공양하였나니, 그 모든 훌륭한 일들을 내가 모두 따라
기뻐합니다."

급 피 시 방 일 체 세 계 육 취 사 생 일 체 종 류　소
及彼十方一切世界六趣四生一切種類의 **所**

유 공 덕　내 지 일 진　아 개 수 희　시 방 삼 세
有功德을 **乃至一塵**이라도 **我皆隨喜**하며 **十方三世**

일 체 성 문　급 벽 지 불　유 학 무 학　소 유 공 덕
一切聲聞과 **及辟支佛**인 **有學無學**의 **所有功德**을

아 개 수 희　일 체 보 살　소 수 무 량 난 행 고 행
我皆隨喜하며 **一切菩薩**의 **所修無量難行苦行**으로

_{지 구 무 상 정 등 보 리}   _{광 대 공 덕}   _{아 개 수 회}
志求無上正等菩提_{하는} **廣大功德**_을 **我皆隨喜**_니

"또 시방 모든 세계의 여섯 갈래 길에서 네 가지로 생겨나는 모든 종류들이 지은 바 공덕과 내지 한 개의 먼지만 한 것이라도 내가 모두 따라서 기뻐합니다. 또 시방삼세 모든 성문과 벽지불의 배우는 이와 배울 것 없는 이의 온갖 공덕을 내가 모두 따라서 기뻐합니다. 또 모든 보살들이 한량없는 행하기 어려운 고행을 닦으면서 가장 높고 바르고 평등한 보리를 구하던 그 넓고 큰 공덕을 내가 모두 따라서 기뻐합니다."

_{여 시 허 공 계 진}   _{중 생 계 진}   _{중 생 업 진}
如是虛空界盡_{하며} **衆生界盡**_{하며} **衆生業盡**_{하며}

_{중 생 번 뇌 진}   _{아 차 수 회}   _{무 유 궁 진}   _{염 념}
衆生煩惱盡_{하야도} **我此隨喜**_는 **無有窮盡**_{이니} **念念**

_{상 속}   _{무 유 간 단}   _{신 어 의 업}   _{무 유 피 염}
相續_{하야} **無有間斷**_{하야} **身語意業**_이 **無有疲厭**_{이니라}

"이와 같이 하여 허공계가 다하고, 중생계가 다하고, 중생의 업이 다하고, 중생의 번뇌가 다하여도 나의 이 함께 기뻐하는 일은 끝나지 아니합니다. 염념이 계속하여 쉬지 않건만 몸과 말과 뜻으로 하는 이 일은 지치거나 싫어함이 없습니다."

남의 공덕이나 일상생활에서 잘한 일을 보고 사람을 차별하지 않고 같이 기뻐하고 칭찬한다는 것이 쉬울 것 같으나 참으로 어려운 일 가운데 하나다. 그래서 보살이 실천해야 할 덕목에 들어간다. 자신과 가까운 가족이나 친구나 친지들의 잘한 일을 찬탄하기도 실은 쉽지 않다.

보현행원품에서는 함께 기뻐하고 찬탄해야 할 대상을 열거하였는데 이 세상에 존재하는 모든 생명체를 다 들고 있다. 불교에서 모든 생명체라면 4성聖 6범凡과 4생生을 말한다. 부처님과 보살과 연각과 성문이 4성聖, 즉 성인에 들어가는 분들이다. 지옥 아귀 축생 인도 천도 아수라가 6범凡, 즉 범부라고 일컫는 부류이다. 그리고 태생胎生, 난생卵生, 습생濕生, 화생化生이 4생生이다. 부처님으로부터 눈에 보이지도 않는 미물에 이르기까지 모든 생명체를 차별하지 않고 함께 기뻐하고 찬탄하라는 내용이다.

먼저 석가모니 부처님의 역사적 생애를 자세히 공부하여 그 어렵고 훌륭했던 삶을 찬탄한다. 또한 경전에 나타난 부처님의 세세생생의 수행을 공부하여 그 자세한 내용들을 일일이 찬탄한다. 보현행원품에서 이야기하고 있는 부처님에 대한 뛰어난 점들은 역사적인 석가모니 부처님을 넘어서 사람 사람의 내면에 이미 갖추고 있는 본래의 부처님 능력과 공덕을 찬탄한 것이다.

싯다르타 태자가 6년의 수행 끝에 깨달음을 이루어 부처님이 되고 보니 실은 수행이란 것을 하지 않고도 이미 사람 사람들이 다 갖추고 있는 것임을 알게 되었다. 그래서 화엄경 여래출현품如來出現品에서 이렇게 토로하였다. "신기하고 신기하여라. 어느 한 중생도 여래의 지혜를 갖추지 않은 이가 없구나. 본래로 이미 부처님이구나. 다만 그 사실을 모를 뿐이구나. 마치 자기의 주머니 속에 수억만금의 가치가 있는 보물을 가지고 있으면서 가지고 있다는 사실을 모르듯이. 이 사실을 모르는 어리석음과 망상과 집착만 없다면 온갖 위대한 지혜가 저절로 드러날 것이다."

6조 혜능慧能대사도 금강경 한 구절을 듣고 마음이 밝아

져서 일체 만법이 자신의 마음에서 떠나지 않았음을 알고는 이렇게 말하였다. "내 자성이 수행하지 않더라도 본래 저절로 청정하다는 사실을 어찌 상상이나 했겠는가. 내 자성이 수행하지 않더라도 본래로 불생불멸의 영원한 생명이라는 사실을 어찌 짐작이나 했겠는가. 내 자성 안에 온갖 지혜와 복덕이 갖추어져 있다는 사실을 내 어찌 알았겠는가."[2]

이처럼 우리들 보통의 사람들도 모두가 본래부터 완전무결한 부처님이라는 사실을 이해하고 찬탄하고 또 찬탄하여야 한다는 뜻이다.

그와 같은 의미의 부처님뿐만이 아니라 실은 모든 존재 모든 생명이 다 그와 같은 불가사의한 내용을 갖추고 있으며 모두가 한결같은 존엄성을 갖추고 있기 때문에 찬탄하지 않을 이유가 없다. 하물며 성문, 연각, 보살이야 말해 무엇하며, 4생生 6취趣가 모두 다 하나같이 지극한 존엄성과 가치를 지니고 있기 때문에 찬탄하여야 한다.

---

2) 육조단경 三鼓入室. 祖以袈裟遮圍. 不令人見. 爲說金剛經. 至應無所住而生其心. 能言下大悟一切 萬法不離自性. 遂啓祖言. 何期自性本自淸淨. 何期自性本不生滅. 何期自性本具足. 何期自性本無動搖. 何期自性能生萬法. 祖知悟本性. 卽名丈夫天人師佛.

그러나 무엇보다 우선해서 찬탄하여야 할 대상은 내 가족, 내 친지, 내 이웃, 내 도반 등 나와 인연을 함께하고 있는 사람들이다. 이들의 모든 면면을 깊이 이해하고 수용하여 언제나 부처님으로 찬탄하고 공경하며 더불어 살아갈 때 그들도 행복하고 나도 또한 행복하리라. 그래서 아름다운 삶을 살아가는 보살의 인생에서 꼭 실천해야 하는 것이 남의 공덕을 찬탄하는 일이다. 그래서 허공계가 다하고 중생계가 다하고 중생의 업이 다하고 중생의 번뇌가 다할 때까지 쉼 없이 찬탄하리라.

(6) 설법하여 주기를 청하다

부차선남자   언청전법륜자   소유진법계
復次善男子야 言請轉法輪者는 所有盡法界

허공계시방삼세일체불찰극미진중   일일각
虛空界十方三世一切佛刹極微塵中에 一一各

유불가설불가설불찰극미진수광대불찰
有不可說不可說佛刹極微塵數廣大佛刹하며

"선남자여, 설법하여 주기를 청한다는 것은 온 법계

허공계 시방삼세 모든 세계의 아주 작은 먼지의 그 하나하나마다 이루 다 말할 수 없이 말할 수 없는 많은 세계의 아주 작은 먼지같이 많은 수의 넓고 큰 세계가 있으며,

일일찰중　염념유불가설불가설불찰극미
一一刹中에 念念有不可說不可說佛刹極微

진수일체제불　성등정각　일체보살해회
塵數一切諸佛이 成等正覺하사 一切菩薩海會가

위요　이아실이신구의업　종종방편　은근
圍繞어든 而我悉以身口意業의 種種方便으로 殷勤

권청　전묘법륜
勸請하야 轉妙法輪이니

그 낱낱의 세계 안에서 잠깐잠깐 동안에 이루 말할 수 없이 말할 수 없는 많은 세계의 아주 작은 먼지만치 많은 수의 부처님들이 바른 깨달음을 이루고 모든 보살 대중이 둘러앉아 있는데, 내가 몸과 말과 뜻으로 하는 갖가지 방편으로써 미묘한 법문 설하여 주기를 은근히 청하는 것입니다."

여시 허공 계 진　　중 생 계 진　　중 생 업 진
如是盧空界盡하며 **衆生界盡**하며 **衆生業盡**하며

중 생 번 뇌 진　　아 상 권 청 일 체 제 불　　전 정 법
衆生煩惱盡하야도 **我常勸請一切諸佛**하야 **轉正法**

륜　무 유 궁 진　　염 념 상 속　　무 유 간 단　　　신
輪은 **無有窮盡**이니 **念念相續**하야 **無有間斷**하야 **身**

어 의 업　무 유 피 염
語意業이 **無有疲厭**이니라

"이와 같이 하여 허공계가 끝나고, 중생계가 끝나고,
중생의 업이 끝나고, 중생의 번뇌가 끝나더라도 내가
모든 부처님께 항상 바른 법 설하여 주기를 청하는 일
은 끝남이 없을 것이니, 염념이 계속하여 잠깐도 쉬지
않건만 몸과 말과 뜻으로 하는 일은 지치거나 싫어함이
없습니다."

이 세상에는 많고 많은 부처님과 보살들이 계시고, 많고
많은 선지식과 스승님들이 계신다. 그 많은 불보살과 선지
식들에게 언제나 가르침을 청하여 무엇이든 배울 자세를 가
져야 한다. 어떤 사람이든 자기 발전과 향상에 마음이 있고
공부와 수행에 뜻이 있는 사람들의 가장 이상적인 모델이 화

엄경의 선재동자다. 선재동자는 그 유명한 53명의 선지식을 찾아다니면서, 숱한 고행과 난행을 겪으며 자기 향상과 수행을 쌓아간다. 한 분 한 분의 선지식을 만날 때마다 훌륭한 가르침을 듣고 수행을 쌓아 가지만 결코 지치거나 싫어하지 않고 다음의 선지식을 소개받는다. 소개 받은 선지식은 반드시 찾아가서 새로운 가르침을 듣는다. 그러다가 미륵보살을 만나서는 미륵보살이 손가락을 한번 튕기는 사이에 그동안의 선지식에게서 일생 동안 배운 모든 가르침을 다 잊어버린다. 그래서 미륵보살은 맨 처음 만났던 문수보살을 다시 만나서 그동안 배운 공부와 쌓은 수행을 다시 하기를 지시한다. 그 말씀을 듣고 선재동자는 처음 시작할 때의 마음 그대로 문수보살을 찾아 떠나게 된다. 그래서 그동안 밟아 온 과정을 새로 시작하게 된다.

그리고 53명의 선지식 중에는 스승이라고 생각하기에는 너무나도 의심스러운 사람들이 많다. 삿된 종교를 믿는 외도가 있는가 하면 기생도 있고 어린 사람도 있고 바라문도 있고 비구 비구니 등 다양한 사람들이 다 있다. 그래도 그들에게 배울 것을 다 배우고 한 번도 싫증을 내지 않는다. 이러한 것이 수행하기를 마음먹은 사람으로서, 또는 아름다운 삶을 살고자 하는 보살로서 당연히 걸어가야 할 길이며 덕목이다.

사람들은 배우기를 좋아하지 않고 가르치기를 좋아한다. 그러므로 배우기를 좋아해서 무엇이나 묻기를 좋아하는 것만으로도 그 사람은 좋은 사람이라는 평가를 받게 된다. 누구에게나 물으면 가르쳐 주기를 좋아하기 때문이다. 공자님은 아랫사람에게도 묻기를 부끄러워하지 않았다고 한다. 그와 같은 마음이 있었기에 천하의 공자가 된 것이리라. 하물며 인류 최고의 가르침을 배우고 그것을 펴는 불교 공부를 하는 사람으로서 다른 사람들에게 열심히 묻고 가르쳐 주기를 간청하는 일은 너무나 당연한 태도라고 할 수 있다.

(7) 부처님이 세상에 오래 머무시기를 청하다

부 차 선 남 자   언 청 불 주 세 자   소 유 진 법 계 허
復次善男子야 言請佛住世者는 所有盡法界虛

空界十方三世一切佛刹極微塵數諸佛如來가

將欲示現般涅槃者와 及諸菩薩聲聞緣覺有學

無學과 乃至一切諸善知識을 我悉勸請하야 莫入

涅槃하야 經於一切佛刹極微塵數劫토록 爲欲利

樂一切衆生이니

　"다시 또 선남자여, 부처님이 세상에 오래 머무시기
를 청한다는 것은 온 법계 허공계 시방삼세 모든 세계
의 아주 작은 먼지만치 많은 수의 부처님이 열반에 드
시려 하거나, 모든 보살과 성문과 연각으로서 배우는
이와 배울 것 없는 이와 내지 일체 모든 선지식에게 내
가 모두 권하여 열반에 들지 말고 모든 세계의 아주 작
은 먼지만치 많은 수의 겁을 지나도록 일체 중생을 이
롭게 하여 달라고 청하는 것입니다."

여시허공계진　　중생계진　　중생업진
如是虛空界盡하며 **衆生界盡**하며 **衆生業盡**하며

중생번뇌진　　아차권청　　무유궁진　　염념
衆生煩惱盡하야도 **我此勸請**은 **無有窮盡**이니 **念念**

상속　　무유간단　　신어의업　　무유피염
相續하야 **無有間斷**하야 **身語意業**이 **無有疲厭**이니라

"이와 같이 하여 허공계가 끝나고, 중생계가 끝나고, 중생의 업이 끝나고, 중생의 번뇌가 끝나더라도 나의 권하고 청하는 일은 끝나지 아니합니다. 염념이 계속하여 잠깐도 끊어짐이 없건만 몸과 말과 뜻으로 하는 일은 지치거나 싫어함이 없습니다."

그 많고 많은 사람 부처님과 일체 생명 부처님들의 건강을 염려하며 오래오래 사시도록 말로만 할 것이 아니라 구체적으로 돌보아 드리고 의료와 약을 제공하는 일은 아름다운 삶을 꿈꾸는 보살의 필수 덕목이다. 범망경梵網經에서는 병든 사람을 보고 간병看病하지 않으면 보살계를 범하는 것이라고까지 경고하였다. 생명이 있는 모든 것을 더욱 건강하게 오래 살도록 하며 특히 사람들의 수명을 더욱 오래 지

속하도록 하는 일이 만약 가능하다면 그보다 더 좋은 일이 어디에 있겠는가.

어떤 생명이든 생명은 그 자체만으로도 지극히 존귀한 것이다. 앞에서도 언급했듯이 죽음을 앞둔 어떤 사형수가 남긴 글이 우리들에게 생명의 존엄성을 일깨운다. 감방 한 모퉁이에서 꾸물대는 작은 벌레를 보고 "차라리 저 보잘것없는 미물이 되어서라도 살 수만 있다면…"이라고 하였단다. 그래서 불교에서는 모든 생명을 살려 주는 방생放生을 권장한다. 방생을 하면 내 생명도 건강해지고 연장이 된다고 가르친다. 미물까지도 방생을 하여 죽을 목숨을 살리는데 하물며 사람 부처님의 병을 낫게 하고 건강하게 오래오래 살 수 있게 하는 데 구체적인 도움을 준다면 그것은 진정 큰 복이 되리라. 아름다운 보살의 삶이리라.

한두 번 하다가 마는 것이 아니라 허공계가 끝나고, 중생계가 끝나고, 중생의 업이 끝나고, 중생의 번뇌가 끝날 때까지 내가 가진 모든 재산 모든 능력 모든 시간을 다 기울여서 모든 사람 모든 생명이 오래오래 건강하게 살도록 하여야 할 것이다.

(8) 항상 부처님을 따라 배우다

부차선남자　　언상수불학자　　여차사바세계
復次善男子야 言常隨佛學者는 如此娑婆世界

비로자나여래　　종초발심　　정진불퇴　　이
毘盧遮那如來가 從初發心으로 精進不退하사 以

불가설불가설신명　　이위보시
不可說不可說身命으로 而爲布施하며

"다시 또 선남자여, 부처님을 따라서 배운다는 것은
이 사바세계의 비로자나 부처님께서 처음 발심한 때로
부터 정진하여 물러나지 않으시고 이루 다 말할 수 없
이 말할 수 없는 몸과 목숨으로 보시하였으며,

박피위지　　석골위필　　자혈위묵　　서사
剝皮爲紙하고 析骨爲筆하고 刺血爲墨하야 書寫

경전　　적여수미　　위중법고　　불석신명
經典을 積如須彌하시니 爲重法故로 不惜身命이어든

하황왕위　　성읍취락　　궁전원림　　일체소유
何況王位와 城邑聚落과 宮殿園林과 一切所有와

급 여 종 종 난 행 고 행
及餘種種難行苦行_{이리오}

가죽을 벗겨 종이로 삼고, 뼈를 쪼개어 붓으로 삼고, 피를 뽑아 먹물로 삼아서 경전 쓰기를 수미산 높이같이 하였으니, 법을 소중히 여기므로 목숨도 아끼지 않았습니다. 하물며 임금의 자리나 도시나 시골이나 궁전이나 동산 따위의 갖가지 물건을 보시하는 것과 하기 어려운 고행이었겠습니까."

불교를 공부하는 사람들은 자신이 닮아 가고자 하는 이가 부처님이다. 막연하게 부처님이 좋고 부처님이 살아 온 생애가 좋고 그 생애의 하나하나가 모두 감동적이어서 좋다. 그래서 부처님이 하신 일이면 항상 부처님을 따라 배우는 삶이 있게 된다.

무엇보다 부처님으로서 부처님이 된 것은 보시를 많이 행했다는 것을 빼놓을 수 없다. 그래서 육바라밀에서도 그 첫째가 보시며, 사섭법四攝法 중에서도 그 첫째가 보시다. 무엇을 베풀든 무상으로 베풀어 주는 일은 사람들이 다 좋아한다. 임금의 자리에 있으면 그 나라의 모든 사람과 재물과 산해진미가 모두 임금의 것이다. 그래도 시골의 촌부가 정성을 다해 장만해 온 보잘것없는 곶감 몇 개라도 그것을 갖다 준 사람이 어여쁘게 보인다는 옛말이 있기도 하다. 임금의 자리에서 곶감 몇 개가 무엇이 그리 귀하겠는가마는 주는 것이 좋기 때문이다. 베푸는 일은 그와 같이 중요하다.

부처님과 같은 위대한 성인이 되려면 무엇보다 보시를 잘해야 한다. 또한 보시도 경전에서 밝혔듯이 몸도 목숨도 모두 다 보시하되 올바른 진리의 가르침을 널리 전하기 위해서 몸의 가죽을 벗겨 종이를 삼고 뼈를 쪼개어 붓을 삼고 피를 뽑아 먹물을 삼아서 경전 쓰기를 수미산 높이같이 하여 보시한다고 하였다. 자신에게서 가장 소중한 몸과 목숨을 그렇게 보시하는데 하물며 자신의 벼슬자리나 기타 온갖 지위나 동산이나 부동산이나 현금이나 이러한 일체의 재산을 아끼겠는가.

법을 펴는데 그것을 아껴서 보시하지 못한다면 법을 소중히 여기는 마음이 아니며 성불이니 견성이니 하는 것은 모두가 공염불에 불과하다. 항상 부처님을 따라 배우는 수행자의 자세가 아니다. 아름다운 보살의 삶이 아니다. 작은 것부터 하나하나 법을 위해서 보시하는 일을 연습하다 보면 자신의 재산도 아끼지 않고 사람들을 위해서 법을 펴는 일에 큰 보시를 할 수 있게 되며, 아름다운 보살행의 실천도 어렵지 않은 때가 머지않을 것이다.

내지수하　성대보리　시종종신통　기종
乃至樹下에 成大菩提하사 示種種神通하며 起種

종변화　현종종불신　처종종중회　혹
種變化하며 現種種佛身하사 處種種衆會하사대 或

처일체제대보살중회도량　혹처성문급벽지
處一切諸大菩薩衆會道場하며 或處聲聞及辟支

불중회도량　혹처전륜성왕소왕권속중회도
佛衆會道場하며 或處轉輪聖王小王眷屬衆會道

량　혹처찰리급바라문장자거사중회도량
場하며 或處刹利及婆羅門長者居士衆會道場하며

내지혹처천룡팔부인비인등중회도량
乃至或處天龍八部人非人等衆會道場하사

"내지 보리수 아래서 큰 깨달음을 이루던 일이며, 여러 가지 신통을 보이고 갖가지 변화를 일으키었습니다.

갖가지 부처님의 몸을 나타내어 온갖 대중이 모인 곳에 계실 적에 혹은 여러 큰 보살 대중들이 모인 도량이나, 혹은 성문과 벽지불 대중이 모인 도량이나, 혹은 전륜성왕과 작은 왕이나 그 권속들이 모인 도량이나, 혹은 찰제리와 바라문과 장자와 거사들이 모인 도량이나, 내지 천신과 용과 팔부신중과 사람인 듯 사람 아닌 듯한 이들이 모인 도량에까지 있었습니다."

處於如是種種衆會하야 以圓滿音으로 如大雷
震하사 隨其樂欲하야 成熟衆生하며 乃至示現入於
涅槃이어시든 如是一切를 我皆隨學하니라

"이와 같은 여러 가지 큰 모임에서 원만한 음성을 천둥소리같이 하여 그들의 즐겨하고 좋아하는 바에 따라 중생들의 근기를 성숙하게 하던 일과, 마침내 열반에 들어 보이시던 이와 같은 온갖 일을 내가 모두 따라 배웠습니다."

부처님을 따라 배우는 일 중에서 깨달음을 이룬 일을 빼놓을 수 없다. 어떤 방법이든 인생과 일체 존재에 대한 이치를 깨달아야 한다. 깨달음이라는 밝은 안목이 없다면 불교를 배우고 공부하는 일이 무슨 의미가 있겠는가. 깨달음의 안목을 갖추고 나면 세상이 온통 꽃과 금은보화로 꾸며져 있는 것처럼 아름답고 긍정적으로 보인다. 화엄경 첫머리에도 "부처님이 처음 바른 깨달음을 이루고 나니 그 땅은 견고하여 모두 다이아몬드로 이루어졌더라."라고 하였다.

여러 가지 신통과 변화와 몸을 나타내는 등의 일은 모두가 깨달음의 안목에 의한 긍정적 사고에서 비롯된 것이다. 이 깨달음의 안목은 부처님을 따라 배우는 일 중에서 가장 중요하고 필수적인 것이다.

무엇보다 많은 대중이 모인 도량인 보살들이 모인 도량과 성문들이 모인 도량과 벽지불들이 모인 도량과 전륜왕, 작은 왕, 찰제리와 바라문과 장자와 거사들이 모인 도량과 내지 천신과 용과 팔부신중과 사람인 듯 사람 아닌 듯한 이들이 모인 도량에 법을 설하여 중생을 가르치고 깨우치는 일이다. 부처님은 6년간의 고행과 49년간의 설법으로 사람들을 가르치고 교화하였다. 위에서 열거한 갖가지 도량들이 일생 동안 수많은 사람들을 만나서 가르침을 펴고 깨우침을 전하였던 그 법석法席이다.

부처님의 일생에서 만약 설법하신 일을 뺀다면 아무것도 없다. 팔만대장경이라는 위대한 가르침도 수많은 제자들도 모두가 설법을 통하여 성취한 업적이다. 부처님을 따라 배우기를 원하는 사람들은 반드시 배운 것만치라도 다른 사람들에게 전해 주는 노력이 있어야 한다. 특히 불자佛子들의 가장 큰 약점이 남을 가르쳐 주려는 노력이 부족한 것이다. 겸손이 아니라 불자로서의 의무를 다하지 않는 일이며, 그동안 들은 법문에 대한 빚을 지는 일이다.

부처님에게 정성을 다하여 불공 올리는 일을 몇 푼의 금전과 공양미와 꽃이나 향이나 초 등으로써 할 일을 다 하였다고 생각해서는 부족하다. 부처님의 식성은 법공양이다. 다른 것을 공양 올리면 부처님은 식성에 맞지 않기 때문에 드시지를 않는다. 반드시 법공양이라야 드신다는 사실을 알아야 한다. 부처님을 따라 배우는 일 중에 가장 하기 쉽고 반드시 해야 하는 일이 설법이다. 세상과 인생에 대해서 참다운 이치를 사람들에게 깨우쳐 주는 일은 보살의 아름다운 삶의 모습 중에서 가장 돋보이는 일이다.

법을 전하는 데 있어서 어려운 경전의 가르침을 생각하지 말고 "좋은 씨앗을 심으면 좋은 열매를 거두고 나쁜 씨앗을 심으면 나쁜 열매를 거둔다."거나 "콩 심은 데 콩 나고 팥 심은 데 팥 난다."라는 삼척동자라도 다 아는 인과의 법칙만이라도 가르치면 될 것이다. 마승馬勝비구가 사리불과 목건련을 교화할 때에도 "모든 법은 인연으로부터 생기고 모든 법은 인연으로부터 소멸한다. 우리 부처님 큰 사문沙門께서는 항상 이와 같은 이치를 설하십니다."[3]라는 말 한마디에 모든 존재의 이치에 눈을 떠서 부처님께 귀의하게 하지 않았던가.

여 금 세 존 비 로 자 나   여 시 진 법 계 허 공 계 시
如今世尊毘盧遮那하야 **如是盡法界虛空界十**

방 삼 세 일 체 불 찰 소 유 진 중 일 체 여 래   개 역 여
方三世一切佛刹所有塵中一切如來도 **皆亦如**

---

3) 諸法從緣生 諸法從緣滅 我佛大沙門 常作如是說.

시   어염념중   아개수학
是어든 **於念念中**에 **我皆隨學**이니

"지금의 비로자나 부처님께와 같이 이와 같은 온 법
계 허공계 시방삼세 모든 세계에 있는 먼지 속의 모든
부처님들도 다 또한 이와 같이 하신 것을 염념이 내가
다 따라 배우는 것입니다."

여 시 허 공 계 진   중 생 계 진   중 생 업 진
如是虛空界盡하며 **衆生界盡**하며 **衆生業盡**하며

중 생 번 뇌 진   아 차 수 학   무 유 궁 진   염 념
衆生煩惱盡하야도 **我此隨學**은 **無有窮盡**이니 **念念**

상 속   무 유 간 단   신 어 의 업   무 유 피 염
相續하야 **無有間斷**하야 **身語意業**이 **無有疲厭**이니라

"이와 같이 하여 허공계가 끝나고, 중생계가 끝나고,
중생의 업이 끝나고, 중생의 번뇌가 끝나더라도 나의
이 따라서 배우는 일은 끝나지 않고 염념이 계속하여
잠깐도 쉬지 않건만 몸과 말과 뜻으로 하는 일은 지치
거나 싫어함이 없습니다."

비로자나 부처님이라는 이름으로 석가모니 부처님의 생애를 이야기하였고, 그 생애를 모두 따라 배운다고 하였다. 불교의 경전에는 부처님이 무수히 등장한다. 그러나 그것은 모두가 경전상에 등장하는 부처님이다. 그 여러 부처님의 모델은 석가모니 부처님이다. 그래서 석가모니 부처님의 일생 그대로 과거의 부처님도 미래의 부처님도 다 같이 살아 온 것을 이야기하고 있다. 또한 예불문에도 "우리들의 근본스 승[是我本師]이신 석가모니 부처님"이라고 하였다. 석가모니 부처님은 경전상에 등장하는 모든 부처님의 근본 부처님인 셈이다. 아무튼 그 많고 많은 부처님들의 아름다운 삶을 모두 따라 배우는 삶은 보살의 아름다운 모습이다.

화엄경의 근본정신이 "마음과 부처님과 중생, 이 셋이 차별 없이 같다."라는 것이니 부처님을 보는 시각이 보다 더 넓어야 하고 전체적이어야 한다. 그래서 큰 눈과 넓은 안목으로 모든 사람, 모든 생명, 일체 존재에게서 배울 것을 찾아 낱낱이 배우는 자세를 가져야 한다. 특별한 부처님만 찾는 생각도 잘못이지만 그와 같은 특별한 부처님은 이제 어디에도 없다.

사람 사람들에게서 훌륭한 점을 배우는 일은 말할 나위 없고, 심지어 바위에게서는 그 굳은 것을 배우고, 소나무에게서는 늘 푸른 지조와 고상함을 배우고, 대나무에게서는 그 곧은 것을 배우고, 바다에게서는 드넓음을 배우고, 허공에게서는 텅 빈 마음을 배우고, 흘러가는 구름에게서는 그 변화를 배운다. 눈을 뜨고 배울 자세만 갖추고 있으면 낱낱이 배울 점이요 곳곳에 스승이 있다. 선재동자가 53명의 선지식을 찾아 배우기를 청한 일도 또한 그와 같은 맥락이리라.

　　이러한 마음가짐이 하루나 한 달로 끝나지 않고 허공계가 끝나고, 중생계가 끝나고, 중생의 업이 끝나고, 중생의 번뇌가 끝나더라도 나의 이 따라서 배우는 일은 끝나지 않고 염념이 계속되어야 할 것이다. 늘 남을 따라 배우는 자세와 같은 아름다움이 또 있을까. 아름다운 삶을 살아가려는 보살로서는 필수적인 덕목이다.

(9) 항상 중생들을 수순하다

부차선남자아 언항순중생자는 위진법계허공
復次善男子아 言恒順衆生者는 謂盡法界虛空

계시방찰해소유중생의 종종차별이니 소위난생
界十方刹海所有衆生의 種種差別이니 所謂卵生

태생습생화생이 혹유의어지수화풍이생주자하며
胎生濕生化生이 或有依於地水火風而生住者하며

혹유의공급제훼목이생주자하나라
或有依空及諸卉木而生住者하나라

"선남자여, 항상 중생들의 뜻에 수순한다는 것은 온
법계 허공계 시방세계의 중생들이 여러 가지 차별이 있
어 알에서 나고, 태에서 나고, 습기로 나고, 변화하여
나기도 합니다. 땅과 물과 불과 바람을 의지하여 살기
도 하고, 허공을 의지하여 살기도 하며, 풀을 의지하여
살기도 합니다."

종종생류와 종종색신과 종종형상과 종종상모
種種生類와 種種色身과 種種形狀과 種種相貌

종종수량   종종족류   종종명호   종종심성
와 **種種壽量**과 **種種族類**와 **種種名號**와 **種種心性**

종종지견   종종욕락   종종의행   종종위의
과 **種種知見**과 **種種欲樂**과 **種種意行**과 **種種威儀**

종종의복   종종음식   처 어종종촌영취락
와 **種種衣服**과 **種種飮食**으로 **處於種種村營聚落**

성읍궁전
城邑宮殿하니라

"여러 가지 종류와, 여러 가지 몸과, 여러 가지 형상
과, 여러 가지 모양과, 여러 가지 수명과, 여러 가지 종
족과, 여러 가지 이름과, 여러 가지 성질과, 여러 가지
소견과, 여러 가지 욕망과, 여러 가지 뜻과, 여러 가지
위의와, 여러 가지 의복과, 여러 가지 음식으로, 여러
가지 시골의 마을과 도시의 궁전에 사는 이들입니다."

내 지 일 체 천 룡 팔 부 인 비 인 등   무 족 이 족
乃至一切天龍八部人非人等과 **無足二足**과

사족다족   유색무색   유상무상   비유상비무
四足多足과 **有色無色**과 **有想無想**과 **非有想非無**

상
想이니라

"내지 천신과 용과 팔부신중과 사람인 듯 아닌 듯한 것들이며, 발이 없는 것과 두 발 가진 것과 네 발 가진 것과 여러 발 가진 것들입니다. 또 몸이 있는 것과 몸이 없는 것과 생각이 있는 것과 생각이 없는 것과 생각이 있는 것도 아니고 없는 것도 아닌 것 등입니다."

항상 중생들의 뜻에 수순한다는 것은 보현보살의 열 가지 행원 중에서 참으로 마음에 드는 아름다운 마음씨가 잘 표현된 내용이다. 중생들의 뜻에 수순할 줄 아는 사람은 시대의 흐름과 세상의 변화에도 수순할 줄 안다. 이미 결정된 일과 변하여 가고 있는 대세大勢에 대해서는 거역하거나 불만을 가지지 않고 잘 받아들이고 수순하며 살 줄 안다. 또한 계절과 날씨의 변화에도 잘 수순하여 거스르지 않으면서 순리대로 살 줄 안다.

경전에서 말했듯이 세상에는 얼마나 많은 생명체와 중생과 사람들이 살고 있는가. 태어나는 모습과 의지하여 사는 곳도 각양각색이다. 종류는 얼마나 많으며 몸과 형상과 모양과 수명과 종족과 이름과 성질과 소견과 욕망과 뜻 등의 차별과 가지 수는 또 얼마나 많은가. 그들이 사는 곳은 또 얼마나 다양한가. 수천 년 전에 이미 그와 같은 다종다양한 생명이 존재하였으며 오늘날에 이르러서는 사람들의 사는 모습만 보더라도 옛날보다 훨씬 다양해져서 생각과 주의 주장은 또 얼마나 복잡한가. 이와 같이 많고 많은 중생들의 뜻을 하나하나 다 수순하겠다는 마음자세는 진정한 보살이 아니면 불가능한 일이다.

또한 그들의 뜻은 한결같지가 않아서 수시로 변한다. 하루에도 몇 번이나 변하는지 알 수 없지만 그들의 변하는 뜻을 모두 따라 준다는 것은 자신을 온전히 비운 사람이 아니면 참으로 불가능한 일이다. 오로지 사람들을 위해서 살고 오로지 중생들을 위해서 살겠다는 보살의 비원이 잘 표현된 가르침이다. 진정으로 남을 위해서 살겠다는 보살의 아름다운 삶의 모습이다.

여 시 등 류   아 개 어 피   수 순 이 전   종 종 승
如是等類를 我皆於彼에 隨順而轉하야 種種承

사   종종공양   여경부모   여봉사장   급
事하며 種種供養호대 如敬父母하며 如奉師長과 及

아라한   내지여래   등무유이
阿羅漢과 乃至如來하야 等無有異하며

"이와 같은 갖가지 종류를 내가 모두 그들에게 수순
합니다. 갖가지로 섬기고 갖가지로 공양하기를 부모와
같이 공경하고, 스승과 아라한과 내지 부처님이나 다름
이 없이 받듭니다."

어제병고   위작양의   어실도자   시기정
於諸病苦에 爲作良醫하며 於失道者에 示其正

로   어암야중   위작광명   어빈궁자   영득
路하며 於暗夜中에 爲作光明하며 於貧窮者에 令得

복장   보살   여시평등요익일체중생
伏藏이니 菩薩이 如是平等饒益一切衆生하나니

"병든 이에게는 의원이 되고, 길을 잃은 이에게는 바
른 길을 보여 주고, 캄캄한 밤에는 빛이 되어 주며, 가
난한 이에게는 묻혀 있는 보배를 얻게 하면서 보살이
이와 같이 일체 중생들을 평등하게 이롭게 합니다."

위에서는 갖가지의 중생들을 열거하여 소개하였고, 다시 중생들의 뜻을 따라 수순하는 구체적인 방법을 설명하였다. 갖가지로 받들어 섬긴다는 것은 먹을 것과 입을 것과 거주할 곳과 의약품까지 모두를 받들어 공양 올리는 일이다. 나아가서 세상과 인생의 존재 원리에 대한 바른 이치까지 깨우쳐 주어 소중한 삶을 의미 있고 보람되게 살도록 보살펴 드리는 일이다. 그와 같이 하기를 마치 부모를 공경하듯이 하며, 스승을 받들어 섬기듯이 하며, 큰스님이나 도인이나 성인들을 섬기듯이 하여야 한다. 나아가서 부처님을 섬기는 것과 같이 하여 하나도 다름이 없이 하는 것이다.

병든 사람에게는 훌륭한 의사의 역할을 하고, 길을 잃은 사람에게는 바른 길을 인도하기도 한다. 캄캄한 밤에는 밝은 광명이 되어 주고, 가난한 이에게는 재산을 얻을 수 있게까지 하는 것이다. 이와 같은 일을 보살은 사람들을 가리지 않고 평등하게 한다. 자기의 자손들에게 재산을 베풀어 주는 일은 누구나 하는 일이다. 그러나 보살행을 하는 사람은 친지나 권속이나 지연이나 학연 등을 분별하는 친소가 없다. 친소가 없기 때문에 누구에게나 평등하게 그 뜻을 수

순해 주는 마음을 쓴다. 참으로 아름다운 삶을 사는 보살
의 인생이다. 중생들의 뜻을 수순한다는 것은 이와 같은 것
이다.

何以故오 菩薩이 若能隨順衆生하면 則爲隨順

供養諸佛이며 若於衆生에 尊重承事하면 則爲尊重

承事如來며 若令衆生으로 生歡喜者면 則令一切

如來로 歡喜니라

"왜냐하면 보살이 만약 중생들을 수순하게 되면 곧
모든 부처님을 수순하여 공양하는 것이 되기 때문입니
다. 만약 중생들을 존중하여 섬기면 곧 부처님을 존중
하여 섬기는 것이 되기 때문입니다. 만약 중생들을 기
쁘게 하면 곧 부처님을 기쁘게 하는 것이 되기 때문입
니다."

부처님은 왜 존재하는가. 왜 존재했는가. 또는 보살과 조사와 내지 일체 성인들은 왜 존재하는가. 그들은 모두 중생들을 위해서 존재한다. 불교가 존재하는 것도 중생들을 위해서이고 일체 성인의 가르침이 존재하는 것도 중생들을 위해서이다. 중생들을 위하지 않는 부처님과 조사와 성인과 선지식들은 있을 수도 없지만 존재할 가치도 없다. 그러므로 아름다운 삶을 살아가려는 보살들은 모든 일을 중생을 중심으로 살아야 한다. 중생들이 보살의 화두이다. 부처님과 같이, 조사와 일체 성인과 같이 오로지 중생들만을 생각하며 살아야 한다.

보현보살을 닮아가려는 사람들은 진정으로 부처님께 공양 올리는 일은 중생들에게 공양 올리는 일이라는 사실을 안다. 부처님을 기쁘게 하는 일은 중생들을 기쁘게 하는 일이라는 사실을 안다. 부처님께 수순하는 일은 중생들을 수순하는 일이라는 사실을 안다. 그리고 중생들을 위한 일은 곧 부처님을 위한 일이며 부처님이 하실 일을 대신 하는 일이라는 사실을 안다. 그러므로 참다운 불공佛供은 중생들에게 공양 올리는 일이다.

성철(性徹, 1912~1993)스님의 "참다운 불공"이라는 글에 이렇게 되어 있다. "집집마다 부처님이 계시니 부모입니다. 내 집 안에 계시는 부모님을 잘 모시는 것이 참불공입니다. 거리마다 부처님이 계시니 가난하고 약한 사람들입니다. 이들을 잘 받드는 것이 참불공입니다. 발밑에 기는 벌레가 부처님입니다. 보잘것없이 보이는 벌레들을 잘 보살피는 것이 참불공입니다. 머리 위에 나는 새가 부처님입니다. 날아다니는 생명들을 잘 보호하는 것이 참불공입니다. 넓고 넓은 우주, 한없는 천지의 모든 것이 다 부처님입니다. 수없이 많은 이 부처님께 정성을 다하여 섬기는 것이 참불공입니다. 이리 가도 부처님 저리 가도 부처님, 부처님을 아무리 피하려고 하여도 피할 수 없으니 불공의 대상은 무궁무진하여 미래 겁이 다하도록 불공을 하여도 끝이 없습니다. 이렇듯 한없는 부처님을 모시고 항상 불공을 하며 살 수 있는 우리는 행복합니다. 법당에 계시는 부처님께 한없는 공양구를 올리고 불공하는 것보다, 곳곳에 계시는 부처님들을 잘 모시고 섬기는 것이 억천만 배 비유할 수 없이 더 복이 많다고 석가세존은 가르쳤습니다." 이것이 올바른 불교사상이며 부처님 마음이다.

중생들을 수순하는 일은 곧 부처님을 수순하는 일이다.

하이고　제불여래　이대비심　이위체고
何以故오 **諸佛如來**가 **以大悲心**으로 **而爲體故**로

인어중생　이기대비　인어대비　생보리
因於衆生하야 **而起大悲**하며 **因於大悲**하야 **生菩提**

심　인보리심　성등정각
心하며 **因菩提心**하야 **成等正覺**하나니라

"왜 그렇습니까. 모든 부처님은 자비하신 마음으로 바탕을 삼으시기 때문입니다. 중생으로 인하여 큰 자비심을 일으키고, 자비로 인하여 보리심을 내고, 보리심으로 인하여 정각을 이룹니다."

비여광야사적지중　유대수왕　약근득수
譬如曠野沙磧之中에 **有大樹王**하니 **若根得水**면

지엽화과　실개번무　생사광야보리수왕
枝葉華果가 **悉皆繁茂**인달하야 **生死曠野菩提樹王**

역 부 여 시
도 亦復如是하야

"비유하자면 마치 넓은 모래사장에 서 있는 큰 나무의 뿌리가 물을 만나면 가지와 잎과 꽃과 열매가 모두 무성함과 같으니, 나고 죽는 광야의 보리수도 또한 이와 같습니다."

일 체 중 생   이 위 수 근   제 불 보 살   이 위
一切衆生으로 而爲樹根하고 諸佛菩薩로 而爲
화 과   이 대 비 수   요 익 중 생   즉 능 성 취 제 불
華果하야 以大悲水로 饒益衆生이면 則能成就諸佛
보 살 지 혜 화 과
菩薩智慧華果하나니

"일체 중생은 나무의 뿌리가 되고, 모든 부처님과 보살들은 꽃과 열매가 되어 큰 자비의 물로써 중생들을 이롭게 하면 능히 모든 부처님과 보살들의 지혜의 꽃과 열매를 성취할 수 있습니다."

하 이 고　　약 제 보 살　　이 대 비 수　　요 익 중 생
何以故오 若諸菩薩이 以大悲水로 饒益衆生이면

즉 능 성 취 아 뇩 다 라 삼 먁 삼 보 리 고　　시 고　　　보 리
則能成就阿耨多羅三藐三菩提故라 是故로 菩提

　　속 어 중 생　　　약 무 중 생　　　일 체 보 살　　종 불 능
가 屬於衆生이니 若無衆生이면 一切菩薩이 終不能

성 무 상 정 각
成無上正覺이니라

"왜냐하면 만약 모든 보살들이 큰 자비의 물로써 중
생들을 이롭게 하면 능히 최상의 깨달음을 성취할 수
있기 때문입니다. 그러므로 보리는 중생에게 달렸으니
만약 중생이 없으면 모든 보살들이 마침내 가장 높은
정각正覺을 이룰 수 없습니다."

불교를 말할 때 흔히 지혜와 자비의 종교라고 한다. 지
혜가 왼팔이라면 자비의 실천은 오른팔이 된다. 지혜가 어머
니라면 자비의 실천은 아버지가 된다. 이와 같이 현명한 지
혜가 내면에 충만하고 그 지혜를 바탕으로 해서 자비의 실
천이 행하여져야 이상적인 종교가 되며 조화로운 삶이 된다.

한 인간에게 그와 같은 조화가 완벽했을 때 그를 일러 부처님이라고 한다. 부처님은 지혜와 자비의 화신이다. 지혜에서 표현된 진정으로 자비한 마음이 근본이 되어 있기 때문에 어리석은 중생들을 보면 저절로 자비심이 샘솟는다. 그들 중생을 진리의 세계에서 살도록 하려고 보리심을 발하고 다시 보리심으로 바른 깨달음을 이루어 더욱더 중생들에게 진리의 가르침을 베풀게 된다.

그러므로 실은 부처님이 부처님 된 것도 중생들 덕분이다. 불쌍하고 어리석은 중생들이 있어서 그들을 제도하기 위하여 지혜와 자비를 더욱 보강하고 결국은 정각을 이루게 된 것이다. 마치 자식을 많이 둔 부모가 자식들을 모두 다 잘 먹여 살리기 위해서 재산을 모으고 그로 인해 부자가 되어 넉넉히 나눠 줄 수 있게 된 것과 같은 이치이다. 만약 자식이 없다면 굳이 재산을 많이 모으지 않는다. 제도할 중생들이 없다면 굳이 지혜를 닦고 자비를 기르며 정각을 이룰 필요가 없다. 제도해야 할 중생들이 왜 없겠는가. 제도할 중생들이 없는 것이 아니라 실은 자기 자신만을 위하는 이기주의적 사고 때문에 제도해야 할 중생들이 눈에 보이지 않는다는 뜻이리라.

그래서 자기 자신만을 위해서 사는 사람을 소승小乘이라 하고 독각獨覺이라 한다. 남을 생각하지 않는 이기주의자이기 때문에 불법에 붙어 사는 외도라고 비판하는 이유가 여기에 있다. 일체 중생은 뿌리가 되고 부처님과 보살들은 꽃과 열매가 된다는 경전의 가르침은 만고에 빛날 명언이다. 부모의 성공과 번영은 자식이 그 원인이 되고 뿌리가 되듯이 부처님과 보살들도 그와 같이 오로지 중생의 덕분이다. 아름다운 삶을 지향하는 보살들은 이와 같이 중생들을 수순하는 마음이 일상생활 속에 뿌리 깊게 내려져 있어야 하리라.

선 남 자   여 어 차 의   응 여 시 해   이 어 중 생
善男子야 汝於此義에 應如是解니 以於衆生에

심 평 등 고   즉 능 성 취 원 만 대 비   이 대 비 심
心平等故로 則能成就圓滿大悲하며 以大悲心으로

수 중 생 고   즉 능 성 취 공 양 여 래
隨衆生故로 則能成就供養如來니라

"선남자여, 그대는 이 이치를 이렇게 알아야 합니다. '중생들에게 마음을 평등하게 함으로써 원만한 자비를 성취하고, 큰 자비심으로 중생들을 수순함으로써 부처님께 공양함을 성취하는 것이다.'라고 알아야 합니다."

菩薩이 如是隨順衆生하야 虛空界盡하며 衆生界盡하며 衆生業盡하며 衆生煩惱盡하야도 我此隨順은 無有窮盡이니 念念相續하야 無有間斷하야 身語意業이 無有疲厭이니라

"보살이 이와 같이 중생들을 수순하나니, 허공계가 다하고, 중생계가 다하고, 중생의 업이 다하고, 중생의 번뇌가 다하여도 나의 수순함은 다함이 없습니다. 염념이 계속하여 잠깐도 쉬지 않건만 몸과 말과 뜻으로 하는 일은 지치거나 싫어함이 없습니다."

불교에서 자비를 크게 외치지만 어떻게 해야 진정한 자비를 실천할 수 있을까. 자비란 보통 사람들의 인정과는 전혀 다르다. 인정이란 가까운 사람에게 베푸는 마음이다. 자신의 가족과 자식과 친지와 이웃과 그리고 인연이 있어서 늘 함께하는 사람들에게는 조건이 있으므로 저절로 가는 정이다. 그야말로 그것은 단순한 정이지 자비는 아니다. 자비는 조건이 없어도 베푸는 사랑의 마음이다. 자신과 전혀 인연이 없는데도, 그리고 오히려 자신을 미워하는데도 어여삐 여겨서 온갖 필요로 하는 것들을 아낌없이 베푸는 마음이다. 그것을 무연자비無緣慈悲라 한다.

그렇다고 하여 아무렇게나 건네주는 사랑이 아니다. 현명한 지혜로 밝게 관찰하여 상대에게 진정으로 이로운 길이 무엇인가를 잘 살펴서 베풀어야 한다. 사랑의 매라는 말이 있듯이 불교에서는 부처님이나 보살들이 진정한 자비를 베푸는 일이 보통의 중생들은 이해가 안 될 경우도 많다. 우리들의 잣대로 계산하는 자비와 깨어 있는 눈으로 보는 자비는 전혀 다르기 때문이다. 지금 이 순간은 손해인 것같이 보이나 결과적으로는 큰 이익이 돌아가게 하는 선행도 얼마든지 있기 때문이다. 마치 병이 든 사람을 완전하게 치료하기 위해서 수술을 하는 일과 비슷하다. 우선은 없는 상처를 일부러 만들고 칼로써 살을 베지만 그런 일을 통해서 몸속 깊이 숨어 있는 모진 병을 제거하여 결과적으로 병을 완치하는 큰 소득을 가져다주는 경우이다.

그래서 경전에서는 진정한 자비는 중생들에게 마음을 평등하게 함으로써 원만한 자비를 성취할 수 있다고 하였다. 그렇다. 모든 중생을 가까운 사람, 먼 사람, 아는 사람, 모르는 사람 할 것 없이 다 같이 마음을 평등하게 함으로써만 이 원만한 자비가 이루어진다. 진정한 자비가 이루어질 때 중생들을 자비로 수순할 수 있게 된다. 자비로 중생들을 수순할 때 부처님께 공양하는 일이 성취되는 것이다.

이와 같이 중생들을 수순하는 일을 하루 이틀이나 한 번두 번 하고 그만두는 것이 아니라 허공계가 다하고, 중생계가 다하고, 중생의 업이 다하고, 중생의 번뇌가 다할지라도 결코 지치거나 싫어하지 않고 계속하는 것이 아름다운 삶을 살고자 하는 보살의 인생이다.

(10) 모두 다 회향하다

부차선남자 언보개회향자 종초예배 내
復次善男子야 言普皆廻向者는 從初禮拜로 乃

지수순 소유공덕 개실회향진법계허공계
至隨順히 所有功德을 皆悉廻向盡法界虛空界

일체중생 원령중생 상득안락 무제병
一切衆生하야 願令衆生으로 常得安樂하야 無諸病

고 욕행악법 개실불성 소수선업 개속
苦하며 欲行惡法은 皆悉不成하고 所修善業은 皆速

성취
成就하며

"선남자여, 모두 다 회향한다는 것은 처음 예배하고
공경함으로부터 중생들의 뜻에 수순함에 이르기까지 그
모든 공덕을 온 법계 허공계 일체 중생에게 회향하여
중생들로 하여금 항상 편안하고 즐거움을 얻게 하고, 병
고가 없게 하기를 원하며, 하고자 하는 나쁜 짓은 모두
이뤄지지 않고, 착한 일은 빨리 이루어지게 합니다."

관 폐 일 체 제 악 취 문　　개 시 인 천 열 반 정 로
關閉一切諸惡趣門하고 **開示人天涅槃正路**니라

약 제 중 생　　인 기 적 집 제 악 업 고　　소 감 일 체 극 중
若諸衆生이 **因其積集諸惡業故**로 **所感一切極重**

고 과　　아 개 대 수　　영 피 중 생　　실 득 해 탈
苦果를 **我皆代受**하야 **令彼衆生**으로 **悉得解脫**하고

구 경 성 취 무 상 보 리
究竟成就無上菩提니

"온갖 나쁜 갈래의 문은 닫아 버리고, 인간이나 천상
이나 열반에 이르는 바른 길은 열어 보이며, 만약 모든
중생들이 쌓아온 나쁜 업으로 말미암아 받게 되는 일체
무거운 고통의 과보를 내가 대신하여 받으며, 그 중생
들이 모두 다 해탈을 얻고, 마침내는 더없이 훌륭한 보
리를 성취하기를 원하는 것입니다."

보 살　　여 시 소 수 회 향　　허 공 계 진　　중 생 계
菩薩의 **如是所修廻向**이 **虛空界盡**하며 **衆生界**

진　　중 생 업 진　　중 생 번 뇌 진　　아 차 회 향
盡하며 **衆生業盡**하며 **衆生煩惱盡**하야도 **我此廻向**은

<ruby>無<rt>무</rt></ruby><ruby>有<rt>유</rt></ruby><ruby>窮<rt>궁</rt></ruby><ruby>盡<rt>진</rt></ruby>이니 <ruby>念<rt>염</rt></ruby><ruby>念<rt>념</rt></ruby><ruby>相<rt>상</rt></ruby><ruby>續<rt>속</rt></ruby>하야 <ruby>無<rt>무</rt></ruby><ruby>有<rt>유</rt></ruby><ruby>間<rt>간</rt></ruby><ruby>斷<rt>단</rt></ruby>하야 <ruby>身<rt>신</rt></ruby><ruby>語<rt>어</rt></ruby><ruby>意<rt>의</rt></ruby>

무유궁진　염념상속　무유간단　신어의
無有窮盡이니 **念念相續**하야 **無有間斷**하야 **身語意**

업　무유피염
業이 **無有疲厭**이니라

　"보살은 이와 같이 회향하나니 허공계가 끝나고, 중생계가 끝나고, 중생의 업이 끝나고, 중생의 번뇌가 끝나더라도 나의 이 회향은 끝나지 않고 염념이 계속하여 쉬지 않건만 몸과 말과 뜻으로 하는 일은 지치거나 싫어함이 없습니다."

　어떤 일을 하든지 회향이 가장 중요하다. 용두사미가 되는 것보다 사두용미가 되는 것이 훨씬 낫기 때문이다. 크게 시작하여 작게 끝나는 것보다는 작게 시작하여 크게 끝나는 것이 더욱 효과가 좋다. '유종의 미'라는 말도 같은 뜻이다.

　불교에서의 모든 가르침은 선행을 행하기를 권한다. 그러나 그 선행의 결과를 자신이 혼자 누리기를 바라지는 않는다. 반드시 다른 사람들에게 돌아가게 하는 것을 회향이라 한다. 회향하지 않는 선행은 이기적이고 소승적인 선행이다. 불도를 닦아 높은 경지에 이른 경우도 그렇다. 산중에서

도를 닦아 자신만 누리고 더 이상 다른 사람에게 베풀지 않는다면 아무런 소용이 없다. 닦은 도를 반드시 다른 사람들에게 회향해야 한다.

흔히들 오랫동안 많이 쌓은 뒤에 나누어도 주고 중생 제도도 한다고 하지만 그것은 잘못된 생각이다. 하루를 수행했으면 하루 한 것만치만 베풀면 된다. 경전 한 줄을 배웠으면 한 줄 공부한 것만 베풀면 된다. 상구보리上求菩提 하화중생下化衆生이라고 하지 않던가. 베푸는 것과 구하는 것, 배우는 것과 가르치는 것이 동시에 이루어져야 진정한 상구보리 하화중생이다. 예컨대 돈을 버는 일과 흡사하다. 1만원을 벌었으면 1만원을 모두 다 투자해야 10만원도 되고 100만원도 되는 길이 빨라진다. 100만원이 된 뒤에 투자도 하고 다른 사람들에게 나누어 주기도 하겠다는 사람은 100만원이 되는 길이 매우 늦어질 뿐만 아니라 100만원이 되더라도 투자를 하거나 나누어 주는 일이 용이하지가 않다.

공부가 다 된 뒤에 전법傳法을 하겠다는 사람들 중에 평생을 전법 한번 하지 못하고 아무런 쓸모없는 사람으로 전락한 것을 많이 본다. 그러나 처음부터 알고 있는 것만이라도 가르치겠다고 마음먹은 사람들은 평생 동안 전법을 잘 하게 된다. 그리고 자신의 공부도 전법을 하는 사람들이 훨씬 더 많이 하게 된다.

한국의 불교가 큰 발전을 가져오지 못한 가장 큰 이유가 바로 이 점이다. 2만여 명이나 되는 불교의 전문가인 승려 중에 포교를 하거나 전법활동을 하는 사람은 고작 몇 명밖에 되지 않는다. 공부가 가득 차기를 기다리고 있다. 30년, 40년이 되면 아무런 쓸모가 없어지는 것을 모른다. 부처님이 꾸짖으신, 마을 사람들에게 우유를 대접하려던 예와 같다. 매일매일 우유를 짜던 사람이 그날그날의 우유는 너무 적어서 이웃집에 나누어 줄 수가 없으니 한 달을 모았다가 한꺼번에 짜서 온 동네 사람들에게 나누어 주리라고 마음먹고 기다렸다가 한 달 후에 우유를 짜려니 우유는 이미 다 말라 버리고 없었다는 이야기다.

경전에서 말하고 있는 온갖 선행을 중생들에게 모두 다 회향하고 그 회향마저 역시 중생들에게 온갖 이익과 행복이 되도록 서원을 해야 한다는 가르침은 불자로서 매우 당연한 삶의 길이다. 하물며 아름다운 인생의 본보기인 보살이 반드시 실천해야 할 덕목이다. 이렇게 회향하는 일이 허공계가 끝나고, 중생계가 끝나고, 중생의 업이 끝나고, 중생의 번뇌가 끝나더라도 끝나지 않아야 하리라. 보살은 모름지기 이렇게 살아가는 것이다.

2) 이익을 밝히다

선남자   시위보살마하살   십종대원   구족
善男子야 **是爲菩薩摩訶薩**의 **十種大願**이 **具足**

원만   약제보살   어차대원   수순취입   즉
圓滿이니 **若諸菩薩**이 **於此大願**에 **隨順趣入**하면 **則**

능성숙일체중생   즉능수순아뇩다라삼먁삼
能成熟一切衆生하며 **則能隨順阿耨多羅三藐三**

보리   즉능성만보현보살제행원해   시고
菩提하며 **則能成滿普賢菩薩諸行願海**하리니 **是故**

선남자   여어차의   응여시지
로 **善男子**야 **汝於此義**에 **應如是知**니라

"선남자여, 이것이 보살마하살의 열 가지 큰 서원이 구족하게 원만한 것입니다. 만일 모든 보살들이 이 큰

서원을 수순해서 나아가면 능히 일체 중생들을 성숙시키게 될 것입니다. 그리고 곧 최상의 깨달음을 수순하게 되며 능히 보현보살의 모든 수행과 원력을 원만하게 성취할 것입니다. 그러므로 선남자여, 그대는 이 이치를 마땅히 이와 같이 알아야 할 것입니다."

화엄경은 불교의 결론이다. 그리고 보현행원품은 화엄경의 결론이다. 다시 보현행원품을 간략하게 줄여서 말하면 보현보살의 열 가지 행원이다. 그러므로 이 보현보살의 열 가지 행원은 불교의 총결론이다. 불교가 아무리 복잡다단하게 설명되더라도 보현보살의 열 가지 행원만 잘 알고 몸소 실천에 옮기면 끝이다.

왜냐하면 화엄경에서 선재동자가 53명의 선지식을 찾아다니면서 불교를 묻고 그 53명의 선지식이 당신들의 평생의 수행을 통해서 깨달은 바를 선재동자에게 모두 다 설명하고 있는 것에서 우리는 불교가 무엇인지를 알 수 있는데 선재동자의 질문과 선지식들의 대답은 한결같이 보살행을 묻고 보살행을 대답하는 것으로 되어 있다. 보현보살의 열 가지 행원이 불교의 결론이라고 단언하는 까닭은 그 많고 많은 보살행에 대한 설명도 결국은 여기에서 밝히고 있는 보현보살의 열 가지 행원으로 압축할 수 있기 때문이다.

그래서 여기에서도 "만일 모든 보살들이 이 큰 서원을 수순해서 나아가면 능히 모든 중생들을 성숙시키게 될 것입니다. 그리고 곧 최상의 깨달음을 수순하게 되며 능히 보현보살의 수행과 원력을 원만하게 성취할 것입니다."라고 하였다. 이것이 십대행원을 실천하는 이익이다.

다시 말해서 불교를 믿고 불교를 공부하고 불교를 실천하는 이익이 바로 이것이다. 이 일을 위해서 불교를 믿자는 것이며, 이 일을 위해서 불교를 공부하고 실천하자는 것이다. 그러므로 불교는 견성見性하고 성불成佛해서 결국 무엇을 하자는 것인가 하면 보살행을 행하자는 것이다. 그 보살행이란 여기에서 밝힌 열 가지 행원이다. 모든 불자는 이 이치를 이렇게 알아야 한다.

3) 행원行願의 수승한 공덕

(1) 행원을 들은 공덕

약유선남자선여인 이만시방무량무변불
若有善男子善女人이 以滿十方無量無邊不

가설불가설불찰극미진수일체세계상묘칠보
可說不可說佛刹極微塵數一切世界上妙七寶

급제인천 최승안락 보시이소일체세계
와 及諸人天의 最勝安樂으로 布施爾所一切世界

소유중생 공양이소일체세계제불보살
所有衆生하며 供養爾所一切世界諸佛菩薩호대

경이소불찰극미진수겁 상속부단 소득
經爾所佛刹極微塵數劫토록 相續不斷하야 所得

공덕 약부유인 문차원왕 일경어이 소
功德을 若復有人이 聞此願王하고 一經於耳한 所

유공덕 비전공덕 백분 불급일 천분
有功德으로 比前功德하면 百分에 不及一이며 千分에

불급일 내지우파니사타분 역불급일
不及一이며 乃至優波尼沙陀分에도 亦不及一이니라

"만일 선남자나 선여인이 시방에 가득한 한량없고

끝이 없어서 이루 다 말할 수 없이 말할 수 없는 세계의 아주 작은 먼지 수와 같이 많고 많은 모든 세계의 가장 좋은 칠보로 보시하고, 또 모든 천상과 인간의 가장 훌륭한 안락으로써 그러한 모든 세계의 중생들에게 보시하고, 또한 그러한 모든 세계의 부처님과 보살들께 공양하기를 그러한 세계의 아주 작은 먼지 수의 겁을 지나도록 계속하여 보시하는 그 공덕과, 만약 또 어떤 사람이 이 열 가지 행원을 한 번 들은 공덕을 비교하면 앞의 공덕은 뒤의 것의 백 분分의 일에도 미치지 못하고, 천 분의 일에도 미치지 못하고, 내지 우파니사타 분의 일에도 미치지 못합니다."

불교를 믿는 불자들은 부처님께 공양을 올리는 불공의 공덕이 가장 큰 것으로 생각을 하여 불공하는 것을 불자의 도리며 기본이라고 생각한다. 불공을 올리는 그 공물도 밥이나 떡이나 쌀이나 돈이나 과일이나 향이나 초 등을 제일로 삼는다. 그와 같은 공물을 올리는 일이 공덕이 크다고 믿기 때문이다. 그러나 이 경전에서는 아무리 값이 비싼 것이나 금은보화와 칠보를 한량없는 부처님께 올린다 하더라도 보현행원품의 열 가지 행원을 한 번 귀로 듣는 공덕만 같지 못하다고 하였다. 그뿐만 아니라 사람들이 즐길 거리를 많이 장만해서 그것을 무수한 사람들에게 보시하더라도 그것도 역시 이 보현행원의 열 가지 내용을 한 번 듣는 것만 못하다고 하였다. 그냥 못한 것뿐만 아니라 수억만 분의 일에도 미치지 못한다고 하였다.

참다운 불공은 물질과 생활용품으로 이바지하는 것이 아니라 부처님이 뜻하는 바의 보현행원을 듣고 알고 실천에 옮기는 일이라는 뜻이다. 그것이 진정한 부처님께 불공을 올리는 일이 되기 때문이다. 물질과 생활에 도움이 되는 것으로써 사람들에게 베푸는 것은 불교가 아니라도 할 수 있는 일이며 이미 잘하고 있는 일이다. 보건복지부나 자선단체에서도 얼마든지 할 수 있는 일이기 때문이다. 그러나 보현보살의 열 가지 행원은 오직 이 보현행원품에서만이 들을 수 있는 일이며 불교에서만이 배울 수 있는 일이기 때문이다.

또 한편 물질의 보시는 아무리 많다 하더라도 한정이 있는 것이기 때문에 끝나는 때가 있지만 이 보현보살의 열 가지 행원은 한 번만 듣고 설사 실천에 옮기지 못하더라도 언젠가는 그것이 꽃이 피고 열매를 맺는 날이 올 것이 분명하기 때문에 그날이 오면 물질로 보시한 공덕과는 결코 비교할 수 없는 결과를 가져오기 때문이다.

비유하면 어떤 사람이 다이아몬드를 삼켜서 그것이 창자 속에 들어가고 다시 화장실로, 거름더미로, 밭으로 논으로 돌아다니다가도 언젠가 누구의 눈에 띄어 결국에는 다이아몬드의 값을 다할 날이 있는 것과 같다. 불자들은 이 사실을 잘 알아서 경전에서 가르치는 뜻을 바로 이해하고 진정한 불공을 할 줄 알아야 할 것이다.

(2) 다른 여러 가지를 행한 공덕

혹부유인   이심신심   어차대원   수지독
或復有人이 **以深信心**으로 **於此大願**에 **受持讀**

송   내지서사일사구게   속능제멸오무간
誦하며 **乃至書寫一四句偈**하면 **速能除滅五無間**

업
業하며

"혹 다시 어떤 사람이 깊은 믿음으로 이 열 가지 큰

행원을 받아 지니거나 읽고 외우거나 한 사구게송만이
라도 쓴다면 다섯 가지 무간지옥에 떨어질 죄업이라도
이내 소멸될 것입니다."

소유세간신심등병   종종고뇌   내지불찰
所有世間身心等病의 **種種苦惱**와 **乃至佛刹**

극미진수일체악업   개득소제
極微塵數一切惡業이 **皆得消除**하며

"이 세간에서 받은 몸과 마음의 병이나 갖가지 괴로
움과 내지 온 세계의 아주 작은 먼지 수의 모든 악업이
다 소멸될 것입니다."

일체마군   야차나찰   약구반다   약비사사
一切魔軍과 **夜叉羅刹**과 **若鳩槃茶**와 **若毘舍闍**

약부다등   음혈담육   제악귀신   개실원
와 **若部多等**의 **飮血噉肉**하는 **諸惡鬼神**이 **皆悉遠**

리   혹시발심   친근수호
離하며 **或時發心**하야 **親近守護**하리라

"온갖 마군이나 야차나 나찰이나 구반다나 비사사나 부단나 따위로서 피를 마시고 살을 먹은 모든 몹쓸 귀신들이 모두 멀리 떠나거나 아니면 혹은 좋은 마음을 내어 가까이 있으면서 수호할 것입니다."

위에서는 귀로 한번 듣기만 하더라도 공덕이 그와 같다고 하였다. 이 단락에서는 열 가지의 행원이 기록된 책을 지니고 다니거나 읽거나 외우거나 한 사구게송을 쓴다면 어떠한 공덕이 있겠는가 하는 사실을 밝혔다. 무간지옥에 떨어질 다섯 가지의 큰 죄를 지었더라도 이 열 가지 행원을 지니고 다니거나 읽거나 외우거나 베껴 쓰면 곧바로 소멸된다고 하였다.

그뿐만 아니라 이 세상에서 받은 몸과 마음의 병이나 갖가지 괴로움과 내지 온 세계의 아주 작은 먼지 수의 모든 악업까지도 모두 다 소멸된다고 하였다. 그리고 온갖 마군이나 야차나 나찰이나 구반다나 비사사나 부단나 따위로서 피를 마시고 살을 먹은 몹쓸 귀신들이 모두 멀리 떠나거나 아니면 좋은 마음을 내어 가까이 있으면서 수호할 것이라고 하였다. 이 얼마나 큰 공덕인가. 결코 달콤한 말로 사람들을 유혹하여 보현보살처럼 열 가지 행원을 실천하며 선량하게 살기를 바라는 마음에서 방편으로 하신 말씀이 아니다. 깨달은 사람의 안목에서 볼 때 분명한 사실을 말씀하신 것이다.

경전을 지니거나 읽고 외우고 쓰고 해설까지 한다면 그것을 일러 부처님을 대신해서 경전의 가르침을 전하는 오종법사五種法師라고 한다. 이 다섯 가지 중에 한 가지만 하더라도 부처님을 대신해서 경전을 가르치는 일이 되기 때문에 그 행위는 곧 부처님의 행위와 다를 바 없다. 이와 같은 일이 어찌 자선단체나 보건복지부에서 할 수 있는 일인가. 불자가 아닌 사람이 어찌 할 수 있는 일인가. 오로지 불자만이 할 수 있는 일이며 대승경전을 공부한 사람만이 할 수 있는 일이다. 그러므로 대승경전을 공부하여 부처님의 올곧은 사상을 바로 배운 사람들은 세상 사람들과 그 격이 다르다. 또한 기타 다른 종교인들과도 현격하게 다르다. 불교 공부를 제대로 한 사람들은 반드시 이러한 문제에 대해서 높은 긍지와 자부심을 갖고 살아야 한다. 왜 그런가. 부처님을 대

131
四十. 보현행원품普賢行願品

신해서 대승경전의 가르침을 알고 실천하는 법사法師이기 때문이다.

　시고　　약인　송차원자　행어세간　　무유
是故로 若人이 誦此願者는 行於世間호대 無有

장애　　여공중월　출어운예　　제불보살지소
障礙호미 如空中月이 出於雲翳하야 諸佛菩薩之所

칭찬　　일체인천　개응예경　　일체중생　실
稱讚이며 一切人天이 皆應禮敬이며 一切衆生이 悉

응공양
應供養이니라

　"그러므로 만약 이 행원을 외우는 사람은 어떠한 세상에 다니더라도 공중의 달이 구름을 벗어나듯이 거리낌이 없을 것이며, 모든 부처님과 보살들이 칭찬하고 일체 천신과 세상 사람들이 다 예경하고 일체 중생이 다 공양할 것입니다."

차선남자　선득인신　　원만보현　소유공
此善男子는 善得人身하야 圓滿普賢의 所有功

덕　　불구당여보현보살　　속득성취미묘색
德하야 不久當如普賢菩薩하며 速得成就微妙色

신　　구삼십이대장부상
身하야 具三十二大丈夫相하며

"이 선남자는 사람의 몸을 잘 얻어서 보현보살의 공
덕을 원만히 갖추고, 오래지 않아 마땅히 보현보살과
같이 미묘한 몸을 빨리 성취하여 서른두 가지 대장부다
운 상相을 갖출 것입니다."

약생인천　　소재지처　　상거승족　　실능파
若生人天하면 所在之處에 常居勝族하야 悉能破

괴일체악취　　실능원리일체악우　　실능제
壞一切惡趣하며 悉能遠離一切惡友하며 悉能制

복일체외도　　실능해탈일체번뇌　　여사자왕
伏一切外道하며 悉能解脫一切煩惱호미 如獅子王

　　최복군수　　감수일체중생공양
이 摧伏群獸하야 堪受一切衆生供養하리라

"만약 천상에나 인간에 나면 가는 곳마다 항상 으뜸이 되는 가문에 태어날 것이요, 모든 악한 갈래를 깨뜨리고 나쁜 친구를 멀리 여의며, 모든 외도를 항복받고, 온갖 번뇌를 모두 해탈하여 마치 큰 사자가 뭇 짐승을 항복시키듯이 할 것이며, 일체 중생들의 공양을 받을 것입니다."

불교 공부를 하는 일 중에서 가장 중요하고 요긴한 방법은 대승경전을 읽고 쓰는 일이다. 두세 번 읽어 보고는 다시 쓰는 것이 경전의 내용을 정확하게 알 수 있는 좋은 방법이다. 많이 쓰다 보면 외우는 것은 저절로 된다. 옛날 서당에서 우리 선조들이 공부하신 방법 중의 하나가 외우는 일이다. 배운 것은 반드시 외워서 바치도록 한다. 외워서 바친다는 것은 선생님 앞에서 어제 배운 부분을 책을 덮어 놓은 채 줄줄 외우는 것이다. 그리고 가끔씩 연송連誦이라고 하여 그 책의 처음부터 어제 배운 곳까지 연결해서 외우는 일을 해야 한다. 부분부분을 외우기는 쉬우나 책 한 권을 모두 연결해서 외우기란 어렵다. 그래서 반드시 연송을 시킨다. 연송을 해야 그 한 권의 공부를 평생 동안 활용할 수 있기 때문이다.

외우지 못하면 자신의 것이 못 된다.

만약 이 보현행원품을 모두 외우고 다 쓸 줄 안다면 그는 보현행원사상이 몸에 배고 마음에 배어서 어디를 가나 몸과 말과 생각으로 표현될 수 있을 것이다. 보현행원사상이 몸과 마음에 무장이 되어 있다면 이 세상 어디를 다니더라도 구름에 달 가듯이 아무런 거리낌 없이 다닐 수 있을 것이다. 왜냐하면 이 사람은 모든 사람 모든 생명을 부처님으로 보고 부처님으로 받들어 섬기며 예배하고, 공양하고, 존중하며, 찬탄하기 때문이다. 그와 같은 사람의 삶에 무슨 어려움이 있겠는가. 또 다른 사람들을 부처님으로 받들어 섬기는 사람이라면 그도 또한 부처님처럼 존경받고 찬탄을 받을 것이므로 어디를 가나 그들도 행복하고 자신도 행복하기 때문이다.

그렇다면 부처님과 보살들이 모두 다 칭찬하고 천신이나 세상 사람들이 모두 다 예경하고 일체 중생들이 반드시 공양, 공경, 존중, 찬탄한다고 하는 경전의 말씀은 너무나 당연한 것이다. 그는 곧 보현보살이기 때문이며 보살의 중요한 열 가지 덕목을 모두 갖추고 살아가는 가장 수승한 사람이기 때문이다.

우선 열심히 읽고 정확하게 외우기 위해서는 반드시 사경
寫經을 해야 한다. 사경을 하는 일은 정신을 집중하는 가장
훌륭한 방법이며, 정신을 집중하여 사경을 하기 때문에 한
글자 한 구절이 모두 마음속 깊이 새겨져서 정확하게 외우게
된다. 또한 어디를 가서 판서板書를 하더라도 자신 있게 써
내려갈 수 있어서 남을 가르치고 전해 주는 일에도 큰 힘이
되기 때문이다.

우 부 시 인　　임 명 종 시 최 후 찰 나　　일 체 제 근
又復是人은 臨命終時最後刹那에 一切諸根이

실 개 산 괴　　일 체 친 속　　실 개 사 리　　일 체 위 세
悉皆散壞하며 一切親屬이 悉皆捨離하며 一切威勢

　　실 개 퇴 실　　보 상 대 신　　궁 성 내 외　　상 마 거
가 悉皆退失하며 輔相大臣과 宮城內外와 象馬車

　승　　진 보 복 장　　여 시 일 체　　무 부 상 수　　유 차
乘과 珍寶伏藏인 如是一切가 無復相隨호대 唯此

원왕   불상사리   어일체시   인도기전   일
願王은 不相捨離하야 於一切時에 引導其前하야 一

찰나중   즉득 왕생 극락세계
刹那中에 卽得往生極樂世界하나니

"또 이 사람이 목숨을 마치는 마지막 찰나에는 육신
은 모두 다 무너져 흩어지고, 모든 친척 권속은 다 버리
고 떠나게 되고, 일체의 권세도 잃어져 고관대작과 궁
성 안팎과 코끼리, 말, 수레와 보배 창고들이 하나도 따
라오지 않지만, 오직 이 열 가지 서원은 서로 떠나지 않
고 어느 때에나 앞길을 인도하여 한 찰나 동안에 곧바
로 극락세계에 왕생함을 얻을 것입니다."

도이   즉견아미타불   문수사리보살   보현
到已에 卽見阿彌陀佛과 文殊師利菩薩과 普賢

보살   관자재보살   미륵보살등   차제보살
菩薩과 觀自在菩薩과 彌勒菩薩等이니 此諸菩薩이

색상단엄   공덕구족   소공위요
色相端嚴하며 功德具足하야 所共圍繞니라

"극락에 가서는 곧 아미타불과 문수보살과 보현보살

과 관자재보살과 미륵보살 등을 친견할 것이며, 이 모든 보살들은 모습이 단정하고 공덕이 구족하여 다 함께 아미타불을 둘러앉아 있을 것입니다."

사람에게서 참다운 재산이란 금생에 수용하고 다음 생에까지, 그 다음 생에까지 함께 갈 수 있는 재산이라야 자신의 참다운 재산이라고 할 수 있다. 물론 선업의 재산도 따라가고 악업의 재산도 따라간다. 선업이나 악업이나 자신의 재산임에는 틀림이 없기 때문에 반드시 따라간다. 요는 무슨 업이든 다 따라간다는 사실이다. 물론 이 글에서 말하는 것은 보현보살의 열 가지 행원이다. 이 열 가지 행원을 지니고 읽고 외우고 쓰고 출판하고 해설하여 화엄행자, 보현행자로서 충실하게 그 할 일을 다하는 공덕이 다음 생, 그 다음 생까지 계속 따라간다. 아무리 잘 가꾼 육신이라 하더라도 결국은 무너지고 친척과 권속들도 뿔뿔이 떠난다. 권세와 재산과 부귀영화야 말해 무엇하랴. 일체가 무상이요, 허망한 것을. 그러나 오직 자신이 지은 업은 세세생생 따라다닌다. 만반장불거萬般將不去요, 유유업수신唯有業隨身이라 하지 않았던가. 쌓아 놓은 재산과 명예가 천만 가지라 하더라도 한 가지도 가져가지 못하고 오직 업만 따라갈 뿐이다. 그러므로 업을 잘 지어야 한다. 가장 잘 짓는 업은 바로 이 보현행원의 실천이다.

죽음을 맞이하여 모든 것이 다 떠나고 내가 지은 이 보현행원만이 진실한 재산이 되어 나의 앞길을 인도한다. 일생을 살면서 수많은 업을 지었지만 무거운 업 쪽으로 먼저 따라가게 되어 있다. 그러므로 적당하게 지어서는 안 된다. 보현행원을 열심히 실천하고 그 실천을 위해 절박한 심정으로 자신의 모든 힘을 다 기울여 하루하루를 살아야 한다. 마치 물에 빠진 사람이 살아남기 위해서는 송장이라도 올라타고 헤엄을 쳐서 뭍으로 나와야 하는 것과 같은 절체절명의 심정이 되어 보현행원을 실천하며 살아야 한다.

그와 같은 삶이라면 죽은 뒤에 무엇이 인도하여 극락세계로 가고, 가서는 곧 아미타불과 문수보살과 보현보살과 관자재보살과 미륵보살 등을 친견하게 될 것이라는 것이 이미 문제가 되지 않는다. 지금 이 순간이 곧 최상의 삶이며, 부처님으로서의 삶이며, 극락의 삶이다. 그러므로 자신과 함께하는 모든 사람들은 그대로가 곧 아미타불이며 문수보살이며 보현보살이며 관자재보살이며 미륵보살이다. 달리 다른 불보살이 존재하는 것이 아니다. 달리 다른 곳에 불보살이 존재한다 한들 자신과 무슨 상관이랴. 그러므로 자신과 함께하는 모든 생명 모든 사람들이 모두 불보살이며 내가 사는 그곳이 곧 극락세계이리라.

其人이 自見生蓮華中_{하야} 蒙佛授記_{하고} 得授
記已_에 經於無數百千萬億那由他劫_{토록} 普於十
方不可說不可說世界_에 以智慧力_{으로} 隨衆生心
_{하야} 而爲利益_{하며}

"그 사람은 제 몸이 절로 연꽃 위에 태어나서 부처님의 수기 받음을 스스로 볼 것입니다. 수기를 받고는 무수한 백천만억 나유타 겁을 지나면서 널리 시방의 이

루 다 말할 수 없이 말할 수 없는 세계에 지혜의 힘으
로써 중생들의 마음을 따라 이롭게 할 것입니다."

不久_에 當坐菩提道場_{하야} 降伏魔軍_{하고} 成等

正覺_{하야} 轉妙法輪_{하야} 能令佛刹極微塵數世界

衆生_{으로} 發菩提心_{하야} 隨其根性_{하야} 敎化成熟_{하며}

乃至盡於未來劫海_{토록} 廣能利益一切衆生_{하리라}

"그리고 오래지 않아서 마땅히 보리도량에 앉아 마
군을 항복받고 정각을 이룰 것입니다. 다시 미묘한 법
륜을 굴리어 능히 세계의 아주 작은 먼지 수 세계의 중
생들로 하여금 보리심을 내게 하고 그들의 근기에 따라
교화하여 성숙시키며, 내지 오는 세월이 다하도록 일체
중생을 널리 이롭게 할 것입니다."

보현행원을 실천하는 사람들은 죽은 뒤에 보현행원을 닦

은 그 힘으로 극락세계의 연꽃 위에 태어나서 불보살들을 친견하고 수기授記를 받고 지혜의 힘으로 무수한 중생들에게 이익을 베풀고 보리도량에서 마군을 항복받고 정각을 이루어 법륜을 굴리며 중생들을 제도한다는 이야기가 이어진다.

보현행원을 실천하는 한순간 한순간의 삶이 그대로 최상의 삶이며, 부처님의 삶이며, 크게 성공한 인생이라는 것을 밝힌 대목이다. 이것을 보현행을 실천한 이익이며 공덕이라고 한다. 그렇게 살기 위해서 공부하고 불교를 믿고 참선하고 염불하고 기도하며 돈을 벌고 사업을 한다. 인생의 지고한 가치가 여기에 있다. 모든 성인들이 세상의 부귀영화를 다 버리고 부귀영화보다 천만 배 더 가치 있는 삶을 사신 길이 이것이다.

모든 사람을 부처님으로 섬기며 예경하는 일과 모든 사람을 여래와 같이 보며 그 불가사의한 무량공덕과 무량한 생명들을 끝없이 찬탄하는 일이다. 마치 법화경의 상불경常不輕보살처럼 만나는 사람마다 부처님으로 예배하며 찬탄하고 섬기는 삶이 곧 최상의 삶이며 부처님의 삶이라는 사실을 거듭거듭 가슴에 심어 주는 가르침이다.

특히 수기를 받는다는 말은 사람 사람이 본래부터 부처님이라는 사실을 일깨워 주고 보증하는 가르침이다. 사람이 본래로 부처님이므로 언제나 부처님으로 살아야 한다. 부처님으로 사는 길은 모든 사람들을 부처님으로 이해하고 예배하고 받들어 섬기며 사는 일이다. 자신도 부처님이며 다른 사람도 부처님이기 때문에 만나는 사람마다 부처님으로 받들어 섬기면 그도 행복하고 나도 행복하여 온 세상이 모두 행복하게 사는 지름길이 된다.

善男子야 彼諸衆生이 若聞若信此大願王하야 受持讀誦하고 廣爲人說하면 所有功德이 除佛世尊하고는 餘無知者라

"선남자여, 저 모든 중생들이 만약 이 열 가지 행원을 듣고 믿고 받아 지니고 읽고 외우며 출판하고 남을 위하여 연설하면 그 공덕은 부처님 외에는 알 사람이

없습니다."

시고 여등   문차원왕   막생 의념   응당 체
是故汝等은 聞此願王에 莫生疑念하고 應當諦

수   수이능독   독이능송   송이능지   내
受하며 受已能讀하며 讀已能誦하며 誦已能持하며 乃

지서사   광위인설
至書寫하야 廣爲人說이니

"그러므로 그대들은 이 행원을 듣거든 의심을 내지
말고 자세히 받아들이십시오. 받아들이고는 읽고, 읽고
는 외우고, 외우고는 항상 지니십시오. 또한 베껴 쓰고
출판하며 남에게 설명하여 베풀어 주십시오."

시제인등   어일념중   소유행원   개득성취
是諸人等은 於一念中에 所有行願이 皆得成就

소획복취   무량무변   능어번뇌대고해중
하며 所獲福聚가 無量無邊하야 能於煩惱大苦海中

발 제 중 생　　영 기 출 리　　개 득 왕 생 아 미 타 불
에 **拔濟衆生**하야 **令其出離**하야 **皆得往生阿彌陀佛**

극 락 세 계
極樂世界하리라

　"이런 사람들은 한순간에 모든 행원行願을 다 성취할 것입니다. 얻는 복덕은 한량없고 가없으며, 번뇌의 고해苦海에서 중생들을 건져내어 생사를 멀리 여의고 모두 다 아미타불의 극락세계에 가서 나게 될 것입니다."

　보현보살의 열 가지 행원을 듣고, 믿고 받아 지니고, 읽고 외우며, 출판하고 남을 위하여 연설하면 그 공덕은 부처님 외에는 알 사람이 없다고 하였다. 이 일은 세상에서 가장 훌륭한 일이며, 최고 최상의 일이며, 가장 값어치 있는 일이며, 가장 소중한 일이며, 가장 수승한 일이며, 가장 우수하고 빼어난 일이며, 이 일보다 더 이상 가는 일은 없는 일이다. 그러므로 부처님 외에 그 공덕과 그 복덕이 얼마나 많은지를 알 사람이 없다고 한 것이다.
　불자로서 보현행원품을 읽어서 아는 사람들은 많으나 이와 같이 소중하다는 것을 가슴으로 몸으로 느끼기는 참으

로 어렵다. 열심히 읽고 사유하고 마음 깊이 새겨서 자신의 삶이 되게 하여야 할 것이다. 그래서 보현보살마하살은 듣고, 믿고, 받아 지니고, 읽고 외우며, 출판하고, 남을 위하여 연설하기를 당부하고 또 당부하신 것이다.

생각해 보면 보현행원을 실천궁행하는 보현행자가 되기가 그렇게 어려운 것은 아니다. 첫째, 종이와 먹으로 된 보현행원품이라는 책자를 주머니나 손가방에 넣고 다니기만 해도 보현행자이며 보현행원법사가 된다. 둘째, 읽기만 해도 역시 보현행자이며 보현행원법사가 되며, 셋째, 책을 출판하여도 마찬가지로 보현행자이며 보현행원법사이다. 넷째, 외워도 역시 그렇고 사경을 해도 마찬가지이며 남을 위해서 설명하는 일도 역시 마찬가지이다. 이 가운데 한 가지만 해도 모두가 보현행자며 보현행원법사가 된다. 이 얼마나 쉬운 일인가. 이와 같이만 살면 극락에 가지 않고도 극락과 같은 삶을 살게 되고, 다른 사람까지도 모두 같은 삶을 누리게 되리라.

4) 열 가지 행원을 게송으로 노래하다

(1) 모든 부처님께 예배하고 공경하다

이 시   보현 보살 마 하 살   욕 중 선 차 의   보
爾時에 **普賢菩薩摩訶薩**이 **欲重宣此義**하사 **普**

관 시 방   이 설 게 언
觀十方하고 **而說偈言**하사대

그때에 보현보살마하살이 그 뜻을 다시 펴려고 하여
시방을 두루 살피면서 게송으로 말하였습니다.

소 유 시 방 세 계 중   삼 세 일 체 인 사 자
所有十方世界中에   **三世一切人獅子**를

아 이 청 정 신 어 의   일 체 변 례 진 무 여
我以淸淨身語意로   **一切徧禮盡無餘**호대

온 법계 허공계의 시방세계 가운데

삼세의 한량없는 부처님들께

이내 청정한 몸과 말과 생각으로

한 분도 빼지 않고 두루 예배하오며

보 현 행 원 위 신 력
普賢行願威神力으로

보 현 일 체 여 래 전
普現一切如來前하며

일 신 부 현 찰 진 신
一身復現刹塵身하야

일 일 변 례 찰 진 불
――偏禮刹塵佛이로다

보현보살 행과 원의 크신 힘으로

한량없는 부처님들 앞에 나아가

한 몸으로 먼지 수의 몸을 나타내어

일일이 먼지 수의 부처님께 예배합니다.

　경전을 기록하는 데는 산문 형식의 글이 있고 게송 형식의 글이 있다. 게송 형식의 글에는 두 가지가 있는데, 첫째는 고기송孤起頌이라 하여 산문의 설명 없이 게송만으로 이치를 설명한 것이다. 법구경과 같은 유類의 경전을 말한다. 둘째는 중송重頌이라 하여 앞에서 산문 형식으로 이치를 설명하고 다시 거듭하여 그 뜻을 밝히려고 게송의 형식을 빌려서 이중으로 설법한 내용이다. 보현행원품의 경전은 후자의 형식에 준하여 지금까지는 산문으로 열 가지의 행원을 설명하였고 여기서부터는 게송으로 그 뜻을 거듭 밝힌다. 그러므로 번거롭게 이중 삼중으로 열 가지 행원에 대해 해설할 필요는 없기 때문에 경문만 소개하고 지나간다. 그러나 산문에 없거나 혹 해설이 미진한 부분은 간단히 짚고 넘어가려 한다. 위의 게송은 앞에서 나왔던 모든 부처님께 예배하는 일을 거듭 말하였다.

지금부터 나오는 게송의 경문은 백팔참회문을 읽어 본 사람이면 익히 들어 본 내용이다. 보현행원품의 가르침이 대단히 훌륭한 내용이기 때문에 누군가가 백팔참회문을 지으면서 참회의 정신을 이 보현행원으로 귀결시키기 위해서 게송을 거의 다 옮겨 놓았다. 다행히 백팔참회문은『선문일송 禪門日誦』이라는 책에서 전하여 온다. 그래서 어떤 선방에서는 백팔참회문을 외우면서 백팔배百八拜를 하는 것을 일과로 삼기도 한다. 참선이든 참회든 보살행으로 회향하기 위해서 하는 것이며 결국은 보살행을 실천궁행하는 것으로 회향되어야 한다는 뜻이다.

보살행이 없는 참선이나 참회는 아무리 열심히 하고 아무리 오랫동안 한다 하더라도 아무런 가치도 없고 아무런 의미도 없는 일이기 때문이다. 선원의 수선납자修禪衲子나 법당의 기도행자들은 반드시 보현행원으로 정신무장을 해서 보살행을 실천궁행해야 진실로 부처님의 밥값을 하리라 생각한다. 왜 그런가 하면 보살행이 진정한 불교이기 때문이다. 보살행이 없는 불교는 이름만 불교지 불교가 아니다. 외도며 사도며 가짜 불교다. 선문에서 매일 외우는 선문일송을 보현행원품의 내용으로 만든 이유가 여기에 있다.

(2) 부처님을 찬탄하다

어 일 진 중 진 수 불
於一塵中塵數佛이

각 처 보 살 중 회 중
各處菩薩衆會中하니

무 진 법 계 진 역 연
無盡法界塵亦然이라

심 신 제 불 개 충 만
深信諸佛皆充滿하고

한 개의 먼지 속 먼지 수의 부처님들이

보살 대중 모인 속에 각각 계시고

온 법계의 먼지 속도 그와 같아서

부처님이 가득함을 깊이 믿으며

각 이 일 체 음 성 해
各以一切音聲海로

보 출 무 진 묘 언 사
普出無盡妙言詞하야

진 어 미 래 일 체 겁
盡於未來一切劫토록

찬 불 심 심 공 덕 해
讚佛甚深功德海로다

제각기 가지각색 음성 바다로
그지없는 묘한 말씀 널리 펴내어
오는 세상 모든 겁이 다할 때까지
부처님의 깊은 공덕 찬탄합니다.

앞에서 산문으로 여래를 찬탄한다는 것을 다시 게송으로 거듭 설하였다. 산문으로 읽은 내용이지만 운문으로 소리를 높여 천천히 읽어 보면 그 맛이 한결 다르리라. 여래를 찬탄하는 마음이 곧 내 가족과 내 이웃과 나와 인연 있는 모든 사람을 찬탄하는 데로 옮겨간다면 진정 아름다운 마음씨를 가진 보현행자이리라. 보현행자가 있는 곳은 곧 행복이 가득하리라.

(3) 널리 공양 올리다

이제 최 승 묘 화 만 　　　 기 악 도 향 급 산 개
以諸最勝妙華鬘과 　　 **伎樂塗香及傘蓋**인

여 시 최 승 장 엄 구 　　　 아 이 공 양 제 여 래
如是最勝莊嚴具로 　　 **我以供養諸如來**하며

가장 좋고 아름다운 모든 꽃다발

좋은 음악 바르는 향과 보배 일산과

이와 같이 훌륭한 장엄거리로

한량없는 부처님께 공양하오며

최 승 의 복 최 승 향 　　　 말 향 소 향 여 등 촉
最勝衣服最勝香과 　　 **末香燒香與燈燭**을

일 일 개 여 묘 고 취 　　　 아 실 공 양 제 여 래
一一皆如妙高聚하야 　 **我悉供養諸如來**하며

가장 좋은 의복과 가장 좋은 향

가루 향과 사르는 향, 등燈과 촛불을

하나하나 수미산과 같은 것으로

한량없는 부처님께 공양하오며

아 이 광 대 승 해 심　　심 신 일 체 삼 세 불
我以廣大勝解心으로　　**深信一切三世佛**하고

실 이 보 현 행 원 력　　보 변 공 양 제 여 래
悉以普賢行願力으로　　**普徧供養諸如來**로다

넓고 크고 잘 깨닫는 이내 맘으로

삼세의 모든 여래 깊이 믿으며

보현보살 행行과 원願의 크신 힘으로

두루두루 부처님께 공양합니다.

　앞에서 산문으로 널리 공양 올린다는 내용을 다시 게송
으로 거듭 설하였다. 어떤 것이 참다운 불공인가 하는 문제
를 잘 밝힌 내용이다. 게송에서 만족스럽지 못하다면 다시
산문으로 돌아가서 불공의 진정한 의미를 깨달아서 바른
불공을 행해야 하리라. 불공의 의미만 바로 알아도 보현보
살의 열 가지 행원이 다 따라오리라고 생각된다.

(4) 업장을 참회하다

아 석 소 조 제 악 업	개 유 무 시 탐 진 치
我昔所造諸惡業이	**皆由無始貪瞋癡**라

종 신 어 의 지 소 생	일 체 아 금 개 참 회
從身語意之所生이니	**一切我今皆懺悔**로다

지난 세상 내가 지은 모든 악업은

성 잘 내고 욕심 많고 어리석은 탓

몸과 말과 뜻으로 지었사오니

내가 이제 속속들이 참회합니다.

이 글 역시 모든 업장을 참회한다는 산문의 내용을 게송으로 거듭 설한 것이다. 백팔참회문에도 올라 있지만 독송용 천수경에도 인용하여 쓰이고 있다. 일반적인 불교에서는 몸과 말과 뜻으로 탐진치 삼독을 지어 온갖 업장이 만들어졌으므로 이 모든 업장을 지성으로 참회하여 없앤다는 차원으로 설명하고 있다.

(5) 남의 공덕을 따라 기뻐하다

시방 일체 제 중생
十方一切諸衆生과

이 승 유 학 급 무 학
二乘有學及無學과

일체 여래 여 보살
一切如來與菩薩의

소유 공덕 개 수 희
所有功德皆隨喜로다

시방세계 여러 종류 모든 중생과

성문, 연각, 배우는 이, 다 배운 이와

모든 부처님과 보살들의 온갖 공덕을

지성으로 받들어서 기뻐합니다.

(6) 설법하여 주기를 청하다

시방 소유 세 간 등
十方所有世間燈의

최 초 성 취 보 리 자
最初成就菩提者에

아 금 일 체 개 권 청
我今一切皆勸請하야

전 어 무 상 묘 법 륜
轉於無上妙法輪이로다

시방의 모든 세간 비추시는 등불로

큰 보리 맨 처음 이루신 이에게

더없이 묘한 법을 설하시라고

내가 지금 지성으로 권청합니다.

(7) 부처님이 세상에 오래 머무시기를 청하다

제 불 약 욕 시 열 반
諸佛若欲示涅槃에

아 실 지 성 이 권 청
我悉至誠而勸請호대

유 원 구 주 찰 진 겁
惟願久住剎塵劫하사

이 락 일 체 제 중 생
利樂一切諸衆生이로다

모든 부처님이 열반에 드시려 할 때

이 세상에 오래오래 머무시어서

모든 중생 건지셔서 즐겁게 하길

내가 모두 지성으로 권청합니다.

(8) 널리 다 회향하다

소 유 예 찬 공 양 불
所有禮讚供養佛과

청 불 주 세 전 법 륜
請佛住世轉法輪과

수 희 참 회 제 선 근
隨喜懺悔諸善根을

회 향 중 생 급 불 도
廻向衆生及佛道로다

부처님께 예경하고 찬탄하고 공양함과

오래 계셔서 법문하심을 청하는 복과

따라서 기뻐하고 참회한 선근을

중생들과 불도佛道에 회향합니다.

위의 글은 산문에서 남의 공덕을 따라 기뻐한다는 내용과, 법륜 굴리시기를 청하는 내용과, 부처님이 세상에 오래 머무시기를 청하는 내용과, 그동안 닦은 바의 공덕을 널리 다 회향한다는 내용을 게송으로 거듭 설하였다. 산문은 산문대로 게송은 게송대로 그 맛이 다르고 느낌이 다르다. 그래서 경전에서는 산문으로 설명하고 나서 다시 게송으로 아름답게 노래한 것이다. 가만가만 소리 내어 읊어 보면 그 맛을 알리라.

(9) 항상 부처님을 따라 배우다

아 수 일 체 여 래 학
我隨一切如來學하야

수 습 보 현 원 만 행
修習普賢圓滿行호대

공 양 과 거 제 여 래
供養過去諸如來와

급 여 현 재 시 방 불
及與現在十方佛과

내가 여러 부처님을 따라 배우고
보현보살 원만한 행을 닦아 익혀서
지난 세상 시방세계 부처님들과
지금 계신 시방세계 부처님께 공양하오며

미래 일체 천 인 사　　　일 체 의 락 개 원 만
未來一切天人師하야　一切意樂皆圓滿이니

아 원 보 수 삼 세 학　　　속 득 성 취 대 보 리
我願普隨三世學하야　速得成就大菩提로다

미래 일체 스승들께 모두 다 같이

여러 가지 즐거움이 원만하도록

삼세의 부처님을 따라 배워서

큰 보리 성취하기 원하옵니다.

(10) 항상 중생들을 수순하다

소 유 시 방 일 체 찰　　　광 대 청 정 묘 장 엄
所有十方一切刹의　廣大淸淨妙莊嚴에

중 회 위 요 제 여 래　　　실 재 보 리 수 왕 하
衆會圍繞諸如來　悉在菩提樹王下하시며

끝없는 시방법계 모든 세계를

웅장하고 청정하게 장엄하옵고

부처님을 대중들이 둘러 모시어

보리수나무 아래 앉아 계시니

시방소유제중생   원리우환상안락
十方所有諸衆生을   願離憂患常安樂하야

획득심심정법리   멸제번뇌진무여
獲得甚深正法利하야   滅除煩惱盡無餘로다

시방세계 살고 있는 모든 중생들

근심 걱정 여의어서 항상 즐겁고

깊고 깊은 바른 법의 이익을 얻어

온갖 번뇌 다 없기를 원하옵니다.

(11) 받아 지니기를 원하다

아위보리수행시   일체취중성숙명
我爲菩提修行時에   一切趣中成宿命하고

상득출가수정계   무구무파무천루
常得出家修淨戒하야   無垢無破無穿漏하며

내가 보리 얻으려고 수행할 때에

모든 갈래 간 데마다 숙명통 얻고

출가하여 모든 계행 깨끗이 닦아

때 안 묻고 범하지 않고 새지 않으며

천 룡 야 차 구 반 다
天龍夜叉鳩槃茶와

내 지 인 여 비 인 등
乃至人與非人等의

소 유 일 체 중 생 어
所有一切衆生語를

실 이 제 음 이 설 법
悉以諸音而說法이로다

천신과 용왕과 야차와 구반다들과

사람인 듯 아닌 듯한 것들

그 모든 중생들이 쓰고 있는 말

가지각색 음성으로 설법하였네.

보현보살이 자신이 깨달음을 얻기 위해서 온갖 수행한 내용을 게송으로 말하였다. 이어서 천신이나 용왕이나 야차들까지도 그들이 알아들을 수 있는 말을 써서 설법하였다. 요점은 설법의 내용, 즉 참다운 이치의 가르침을 듣고 지니고 읽고 외우고 쓰고 출판하고 널리 해설하기를 발원하는 뜻이 담겨 있다. 무엇보다 온갖 천신이나 용왕이나 야차까지도 알아듣는 말을 사용하였다는 것에는 천차만별의 근기를 따르고 갖가지 중생을 모두 수순한다는 수순중생의 행원이 잘 나타나 있다. 불교는 첫째도 중생을 위한 것이고 둘째도 중생을 위한 것이고 셋째도 중생을 위한 것이다. 부처님이나 보살들도 모두 중생들 때문에 부처님이 되고 보살이 되었다는 이치를 생각하면 이해할 수 있는 가르침이다.

(12) 자리이타의 수행을 원하다

근 수 청 정 바 라 밀　　　　　항 불 망 실 보 리 심
勤修清淨波羅蜜하며　　**恒不忘失菩提心**하야

멸 제 장 구 무 유 여　　　　일 체 묘 행 개 성 취
滅除障垢無有餘하야　**一切妙行皆成就**하고

청정한 바라밀다 꾸준히 닦아

어느 때나 보리심을 잊지 않았고

번뇌 업장 남김없이 소멸하고서

여러 가지 묘한 행을 모두 이루며

어 제 혹 업 급 마 경　　　　세 간 도 중 득 해 탈
於諸惑業及魔境과　　**世間道中得解脫**하야

유 여 연 화 불 착 수　　　　역 여 일 월 부 주 공
猶如蓮華不着水하며　**亦如日月不住空**이로다

모든 번뇌 모든 업과 마군의 경계

이 세간 온갖 일에 해탈 얻으니
연꽃 잎에 물방울이 묻지 않듯이
해와 달이 허공을 지나가듯 하네.

보현보살이 지난 세상에서 여러 가지 수행한 것을 나열하고 있는 글이다. 자신의 수행은 곧 자신에게 이익이 될 뿐만 아니라 다른 사람에게도 이익이 된다는 뜻을 내포하고 있다. 업장을 다 소멸하였으며 갖가지의 아름다운 보살행을 모두 성취하였다. 번뇌와 업과 마의 경계와 세상일을 다 벗어난 것을 비유한 것이 매우 돋보인다. 마치 연꽃에 진흙이나 물이 묻지 않듯이, 또한 해와 달이 허공중에 머물지 않고 구름에 달 가듯이 시원시원하게 벗어나는 모습으로 그리고 있다. 상상해 보면 눈에 선하게 그려지는 그림이다. 마음에 장애되는 온갖 일, 아무리 떨쳐 버리려 해도 떠나지 않는 갖가지 집착, 심지어 이런저런 인연들까지 훌훌 벗어던지고 싶을 때가 얼마나 많은가. 이 글에서처럼 연꽃에 물방울과 진흙에 묻지 않듯이, 해와 달이 허공을 돌지만 허공중에 머물지 않듯이 자유롭게 살고 싶은 마음을 이 경문에서 잘 표현하고 있다. 이렇게 사는 사람은 자신만의 이익이 아니라 다른 사람들에게도 큰 감동을 주어 마음을 흔들어 놓는다. 자리행自利行이 곧 이타행利他行인 도리가 여기에 있다.

(13) 중생들을 성숙시킴을 원하다

실 제 일 체 악 도 고 　　　등 여 일 체 군 생 락
悉除一切惡道苦하고　　**等與一切群生樂**호대

여 시 경 어 찰 진 겁 　　　시 방 이 익 항 무 진
如是經於刹塵劫토록　　**十方利益恒無盡**하며

일체의 악도 온갖 고통 모두 없애고
중생들에게 평등하게 즐거움을 주어
이와 같이 먼지 수의 겁을 지나며
시방중생 이익하게 하는 일 다함이 없네.

아 상 수 순 제 중 생 　　　진 어 미 래 일 체 겁
我常隨順諸衆生하야　　**盡於未來一切劫**토록

항 수 보 현 광 대 행 　　　원 만 무 상 대 보 리
恒修普賢廣大行하야　　**圓滿無上大菩提**로다

내 항상 중생들을 수순하리니
오는 세상 모든 겁이 끝날 때까지
보현보살 넓고 큰 행을 닦아서
가장 높은 보리도를 원만하리라.

보현보살이 일체의 악한 길과 온갖 고통을 모두 없애고 중생들에게 평등하게 즐거움을 준다는 것이 악과 고통이 본래부터 세상에 존재한다는 것은 아니다. 그리고 즐거움을 준다고 하지만 즐거운 거리가 이미 존재하는 것을 가져다준다는 뜻도 아니다. 세상사와 인생사의 참다운 이치를 아는 것이 곧 악과 고통을 없애는 일이고, 세상사와 인생사의 참다운 이치를 아는 것이 곧 즐거움이다. 그러므로 보현보살이 인생사의 참다운 이치를 스스로 깨달아서 사람들에게 낱낱이 깨우쳐 주는 일을 하는 것이 곧 악과 고통을 없애고 즐거움을 주는 일이다. 그 외에 달리 사람들이 좋아하는 즐길 거리를 가져다주는 것은 아니리라. 보현보살은 그와 같이 중생들을 성숙시킨다.

보현보살이 설하는 게송 안에 다시 보현보살이 등장하

여 보현행원과 온갖 수행을 말하는 것은 보현보살은 어느 누구의 한 사람의 보현보살이 아니라는 말이다. 보현행원도 마찬가지이다. 어느 누구의 보현행원이 아니라 모든 사람의 보현행원이기 때문에 보현행을 하는 사람은 곧 보현보살이며 보현보살은 곧 보현행원을 실천하는 사람이다. 특정인으로서의 보현보살을 가리키는 것이 아니고 보현행을 하는 모든 사람들을 지칭하기 때문이다.

(14) 함께하기를 원하다

소유여아동행자
所有與我同行者가

어일체처동집회
於一切處同集會하야

신구의업개동등
身口意業皆同等하야

일체행원동수학
一切行願同修學하며

나와 함께 보현행을 닦은 도반들

날 적마다 여러 곳에 함께 모이어

몸과 말과 뜻으로 하는 일이 같고

모든 수행 모든 서원 같이 닦으며

소 유 익 아 선 지 식
所有益我善知識이

위 아 현 시 보 현 행
爲我顯示普賢行하고

상 원 여 아 동 집 회
常願與我同集會하야

어 아 상 생 환 희 심
於我常生歡喜心이로다

나의 일을 도와주는 선지식들도
보현보살 좋은 행을 가르쳐 주고
항상 나와 함께 모여 우리들에게
환희심을 내게 하길 원하옵니다.

언제 어디서나 더불어 함께하기를 원하는 가르침이다.
함께한다는 것은 같은 시간과 같은 장소에 같이 있다고 해
서 함께하는 것이 아니다. 각자의 생활공간이 다르고 시간
을 달리하여 몇 백 년 몇 천 년의 시간적인 거리를 두고 산다
하더라도 뜻이 같고 마음이 같고 삶의 가치관이 같고 관심
사가 같으면 시간과 공간에 관계없이 함께하는 것이 된다.
설사 같은 공간과 같은 시간에 같이 있다 하더라도 관심사
가 다르고 가치관이 다르고 뜻이 다르면 함께한다고 할 수
없다. 보현행원을 인생의 가장 소중한 가치로 생각하고 모
든 삶의 초점을 보현행원에 맞추어서 사는 사람이라면 서로

시간이 다르고 공간이 다르더라도 늘 함께한다는 뜻이다. 마주하고 있어도 서로를 보지 못한다는 것은 생각이 다르고, 뜻이 다르고, 꿈이 다르고, 삶의 가치관이 다르다는 의미이다. 지금 여기에서 부처님과 함께하고 보현보살과 함께할 수 있는 길은 뜻을 같이하고 삶의 가치관을 같이하는 것이다.

(15) 공양하기를 원하다

원 상 면 견 제 여 래
願常面見諸如來와

급 제 불 자 중 위 요
及諸佛子衆圍繞하고

어 피 개 홍 광 대 공
於彼皆興廣大供하야

진 미 래 겁 무 피 염
盡未來劫無疲厭하며

바라건대 부처님을 친견할 때에
보살 대중 모여 앉아 모시었거든
푸짐하고 좋은 공양 차려 올리며
오는 세상 끝나도록 지칠 줄 몰라

원 지 제 불 미 묘 법　　　광 현 일 체 보 리 행
願持諸佛微妙法하야　**光顯一切菩提行**하고

구 경 청 정 보 현 도　　　진 미 래 겁 상 수 습
究竟淸淨普賢道하야　**盡未來劫常修習**이로다

부처님의 묘한 법을 받아 지니고

가지가지 보리행을 빛나게 하며

청정한 보현의 도道 철저히 닦아

오는 세상 끝나도록 수행하기 원합니다.

앞의 산문에서 부처님께 공양한다는 내용이 있었다. 이 게송에서는 오는 세상이 끝난다 하더라도 푸짐한 공양을 올리는 일에 지칠 줄 모른다는 내용과 함께 부처님의 법을 받아 지니고 갖가지 보리행을 빛나게 드러내며 보현행원을 철저히 닦아 영원히 수행한다는 내용이 추가되었다. 부처님께 물질로써 공양을 올린다 하더라도 그 일을 통해서 부처님의 참다운 이치의 가르침을 받아 지니는 데 그 목적이 있음을 밝힌 것이다. 불교에는 수많은 방편이 있다. 그 모든 방편을 통해서 결국에는 부처님 진리의 가르침을 배우고 이해하고 받아들이는 데 그 목적이 있다. 방편에만 그치고 방편이 목적한 바를 이루지 못한다면 크게 잘못된 불교가 된다.

예컨대 사형수가 똥통 속을 헤엄쳐서 감옥을 벗어나려고 하는 것은 생명을 부지하는 데 그 목적이 있다. 만약 그렇게 하고도 생명을 부지하지 못한다면 이 얼마나 처참한 죽음이 되는가. 차라리 앉은 채로 죽음을 당하는 것이 나은 일이다. 부처님께 공양을 올리는 일을 통해서 법을 받아 지니고 자비와 지혜의 보리도를 더욱 빛나게 하며 보현행원을 철저히 실천하는 원인이 되어야 한다.

(16) 이익을 원하다

아 어 일 체 제 유 중
我於一切諸有中에

소 수 복 지 항 무 진
所修福智恒無盡하야

정 혜 방 편 급 해 탈
定慧方便及解脫에

획 제 무 진 공 덕 장
獲諸無盡功德藏하며

시방세계 모든 곳에 두루 다니며

닦아 얻은 복과 지혜 다함이 없고

선정 지혜 방편과 해탈 법으로

그지없는 공덕장을 얻었사오며

일 진 중 유 진 수 찰
一塵中有塵數刹하고

일 일 찰 유 난 사 불
一一刹有難思佛이어든

일 일 불 처 중 회 중
一一佛處衆會中에

아 견 항 연 보 리 행
我見恒演菩提行이로다

한 먼지에 먼지 수의 세계가 있고
세계마다 한량없는 부처님들이
간 곳마다 여러 대중 모인 속에서
보리행을 연설하심 내 항상 뵙습니다.

불교를 믿고 공부하여 무엇을 얻자는 것인가 하는 것을
밝힌 게송이다. 불교를 믿는 공덕으로 건강이 좋고 재산이
많고 벼슬이 높아서 이 세상에 있는 것을 모두 다 소유하자
는 것이 아니라 오직 복덕과 지혜와 선정과 방편과 해탈을
얻고자 하는 것이다. 곳곳에서 부처님을 만나자는 것이다.
만나는 사람마다 모두 모두 부처님으로 보이는 그런 눈을
얻고자 하는 것이다. 지혜와 자비의 보리행을 설법하는 자
리에 자신도 동참하여 정법을 깊이 깨닫고 진리를 알고 살
자는 것이다. 이것이 진정한 이익이다.

(17) 법륜 굴리기를 원하다

보 진 시 방 제 찰 해	일 일 모 단 삼 세 해
普盡十方諸剎海와	一一毛端三世海와

불 해 급 여 국 토 해	아 변 수 행 경 겁 해
佛海及與國土海하야	我徧修行經劫海로다

끝없는 시방세계 법계 바다에

털끝만 한 곳곳마다 삼세의 바다

한량없는 부처님과 많은 국토에

내가 두루 수행하기 여러 겁劫일세.

일 체 여 래 어 청 정	일 언 구 중 음 성 해
一切如來語淸淨하사	一言具衆音聲海하야

수 제 중 생 의 락 음	일 일 유 불 변 재 해
隨諸衆生意樂音하야	一一流佛辯才海하며

부처님의 말씀은 훌륭하셔라.

한 말씀에 여러 가지 음성 갖추고

중생들이 좋아하는 음성을 따라

음성마다 부처님의 변재를 펴네.

삼 세 일 체 제 여 래 　　　어 피 무 진 어 언 해
三世一切諸如來가　　　**於彼無盡語言海**로

항 전 이 취 묘 법 륜 　　　아 심 지 력 보 능 입
恒轉理趣妙法輪이어든　　**我深智力普能入**이로다

삼세의 일체 모든 부처님께서

그와 같은 그지없는 말씀 바다로

깊은 이치 묘한 법문 연설하시니

나의 깊은 지혜로 들어가리라.

　이 경문은 산문에서 법륜 굴리기를 청하는 내용을 발원
하는 마음으로 게송으로 표현하였다. 부처님의 말씀은 훌
륭하다고 하면서, 한 말씀에 여러 가지 음성을 갖추고 중생
들이 좋아하는 음성을 따라서 말씀하시기 때문이라고 하였
다. 설법을 하거나 강의를 할 때 내용도 중요하지만 음성도
대단히 중요하다. 아름답고 마음이 담긴 음성은 그 소리만
으로도 듣고 싶다. 그러나 음성이 듣기에 부담을 준다면 아
무리 좋은 내용이라도 오래 듣기가 거북스럽다.

　그리고 부처님은 깊은 이치로 묘한 법문을 연설하신다고
하였다. 부처님이나 조사스님이나 모든 깨달음을 이룬 사

람들은 모든 존재의 참다운 이치[眞理]를 깨달았고 그 가르침
도 모두가 참다운 이치를 설하신다. 여기서 다시 불교를 생
각해 본다. 즉 깨달은 사람들의 깨달음에 대한 가르침이다.
깨닫지 못해도 가르칠 수 있는 그런 평범한 내용이 아니라
는 뜻이다. 여기에서 불교와 비불교의 차별이 명백해진다.
깨달은 사람만이 알 수 있는 참다운 이치를 가르치는 것만
진짜 불교다. 만약 깨닫지 못한 사람으로서도 할 수 있는
지극히 도덕적이거나 상식적인 가르침이라면 그것은 굳이
불교의 진리라고 할 필요가 없기 때문이다. 이와 같은 쉬운
일도 어느 정도의 지혜가 있어야 가능하다. 그래서 "나의 깊
은 지혜로 들어가리라."라고 하였다.

(18) 정토에 들어감을 원하다

아 능 심 입 어 미 래
我能深入於未來하야

진 일 체 겁 위 일 념
盡一切劫爲一念하고

삼 세 소 유 일 체 겁
三世所有一切劫으로

위 일 념 제 아 개 입
爲一念際我皆入하며

내가 능히 미래세에 들어가서는

일체의 모든 겁을 일념으로 만들고
과거 현재 미래 일체의 겁을
일념으로 만든 데로 들어가리라.

아 어 일 념 견 삼 세   소 유 일 체 인 사 자
我於一念見三世의   **所有一切人獅子**하고

역 상 입 불 경 계 중   여 환 해 탈 급 위 력
亦常入佛境界中의   **如幻解脫及威力**이로다

삼세의 한량없는 부처님들을
한 생각 속에서 모두 뵈옵고
부처님의 경계 속에 늘 들어감은
환술 같은 해탈과 위신력일세.

어떤 시간 어떤 공간에서도 능히 부처님의 경계에 들어가
고 깨달은 사람들의 경계에 들어가는 것을 게송으로 표현하
였다. 부처님과 모든 깨달은 사람들의 경계에 들어간다는
것은 그분들과 모든 수준이 같고 정신세계가 같다는 뜻이
다. 경문에서 환술과 같은 해탈과 위신력으로 들어간다고

하였다. 그렇다. 환술과 같이 실재하지는 않지만 뜻에 따라 필요에 따라 마음대로 사용할 수 있는 지혜와 자비와 해탈과 온갖 위신력이라야 깨달은 사람들의 경계에 들어가는 것이 가능하다. 옛말에 "도가 같아야 가히 알 수 있다."라고 하였다. 이것이 부처님의 경계 속에 들어감이며 정토에 들어감을 원하는 일이다.

(19) 받들어 섬기기를 원하다

어 일 모 단 극 미 중
於一毛端極微中에

출 현 삼 세 장 엄 찰
出現三世莊嚴刹하고

시 방 진 찰 제 모 단
十方塵刹諸毛端에

아 개 심 입 이 엄 정
我皆深入而嚴淨하며

한 터럭 끝과 같은 아주 작은 것 속에
과거 현재 미래의 장엄한 세계가 나타나며
시방의 먼지같이 많은 세계의 터럭 끝마다
내 모두 깊이 들어가 장엄하리라.

소 유 미 래 조 세 등　　　　성 도 전 법 오 군 유
所有未來照世燈이　　　　**成道轉法悟群有**하사

구 경 불 사 시 열 반　　　　아 개 왕 예 이 친 근
究竟佛事示涅槃이어든　　　**我皆往詣而親近**이로다

미래세의 세상 비출 밝은 등불들

성도하고 법륜 굴려 중생 건지고

온갖 불사 성취하고 열반에 드시리니

내가 두루 나아가서 친히 모시리라.

　신라의 의상스님이 지으신 법성게에 "하나의 먼지 속에
온 우주가 다 들어 있고 모든 먼지 속에도 똑같이 그러하
다."고 하였다. 세상에 있는 모든 존재는 홀로 독립되어 존
재하는 것이 없으며 서로서로 연관관계를 맺을 때에만 존재
가 가능하다는 존재원리의 깊은 이치를 간단히 설명한 것이
다. 이 경문에서는 그와 같은 내용과 아울러 보현행자의 크
고 깊은 서원을 이야기하였다. 그렇게 많고 많은 세계에 삼
세에 걸쳐 부처님이 계시고 부처님의 성도하시고 설법하시고
중생제도함과 온갖 불사를 성취하고 열반에 드시는 모든 일
을 내가 두루 나아가서 친히 모시리라는 서원이다. 한 중생

한 생명도 그냥 지나치지 않고 내가 모두 돌보며 섬기리라
는 깊고 깊은 서원의 마음이다.

(20) 정각 이루기를 원하다

속 질 주 변 신 통 력　　　　보 문 변 입 대 승 력
速疾周徧神通力과　　**普門徧入大乘力**과

지 행 보 수 공 덕 력　　　　위 신 보 부 대 자 력
智行普修功德力과　　**威神普覆大慈力**과

재빠르게 두루 미치는 신통의 힘과

넓은 문에 두루 들어가는 대승의 힘과

지혜와 행行을 널리 닦은 공덕의 힘과

위신력으로 덮어 주는 큰 자비의 힘과

변 정 장 엄 승 복 력　　　　무 착 무 의 지 혜 력
徧淨莊嚴勝福力과　　**無着無依智慧力**과

정 혜 방 편 제 위 력　　　　보 능 적 집 보 리 력
定慧方便諸威力과　　**普能積集菩提力**과

청정하게 두루 장엄한 수승한 복덕의 힘과

집착도 없고 의지함도 없는 지혜의 힘과

선정과 지혜와 방편의 온갖 위신력과

널리널리 쌓아 모은 보리의 힘과

청 정 일 체 선 업 력　　　최 멸 일 체 번 뇌 력
清淨一切善業力과　　**摧滅一切煩惱力**과

항 복 일 체 제 마 력　　　원 만 보 현 제 행 력
降伏一切諸魔力과　　**圓滿普賢諸行力**으로

일체 공덕 완성한 선업善業의 힘과

온갖 번뇌 물리쳐서 소멸한 힘과

모든 마군 항복받는 거룩한 힘과

보현행을 원만하게 닦은 힘으로

불교 수행의 열두 가지 힘을 말하였다. 불교를 믿고 공
부하면 큰 힘이 생긴다. 힘이 생긴다는 것을 잘못 이해하여
남의 전생 일을 알고 미래를 아는 힘으로 생각하면 안 된다.
영가들을 천도해 주는 힘이나 병을 낫게 하는 힘으로 생각

하면 안 된다. 경문에서 밝혔듯이 주로 지혜와 자비와 선정과 방편과 보리심과 일체의 공덕을 닦은 선업의 힘과 온갖 번뇌를 소멸함과 보현보살의 행원을 원만히 수행한 그와 같은 힘을 말한다. 이와 같은 힘을 갖추는 것이 불교적인 힘이다. 그 외에는 설사 놀랄 만한 힘이 있다 하더라도 그것은 모두 삿된 마군이나 외도들의 힘이다. 불교를 바르게 공부하는 사람들은 반드시 명심하여야 할 사실이다. 여기에서 소개한 불교적인 진정한 힘이 무엇을 하기 위함인가 하는 것은 아래에서 설명하고 있다.

(21) 큰 원을 모두 맺다

보 능 엄 정 제 찰 해
普能嚴淨諸刹海하며

해 탈 일 체 중 생 해
解脫一切衆生海하며

선 능 분 별 제 법 해
善能分別諸法海하며

능 심 심 입 지 혜 해
能甚深入智慧海하며

모든 세계 곳곳마다 장엄도 하고

일체 모든 중생을 해탈케 하며

온갖 모든 법문을 분별 잘하여

지혜 바다 깊이깊이 들어가리라.

보능청정제행해
普能淸淨諸行海하며

원만일체제원해
圓滿一切諸願海하며

친근공양제불해
親近供養諸佛海하며

수행무권경겁해
修行無倦經劫海하며

어디서나 모든 행을 깨끗이 닦고

가지가지 서원을 원만히 하며

부처님들 친근하고 공양하오며

오랜 겁을 부지런히 수행하리라.

삼세일체제여래
三世一切諸如來와

최승보리제행원
最勝菩提諸行願을

아개공양원만수
我皆供養圓滿修하야

이보현행오보리
以普賢行悟菩提로다

삼세의 한량없는 모든 부처님

가장 좋은 보리 위한 모든 행원을

내가 모두 공양하고 원만히 닦아

보현보살 행원으로 보리 이루리.

　위에서 열거한 열두 가지의 힘으로 무엇을 할 것인가를
밝혔다. 첫째 모든 세계를 장엄한다. 세계를 장엄한다는 것
은 곧 보현행원을 실천 수행하는 사람들이 함께 더불어 존
재하는 그 사실을 말하는 것이다. 훌륭한 사람이 그 집에 있
으면 그 집이 장엄이 된다. 어떤 모임이든 훌륭한 사람이 참
석하면 그것만으로도 그 모임은 잘 장엄이 된 것이다. 한 마
을이나 한 나라나 한 세계나 모두가 훌륭한 사람이 있어서
장엄되는 것이다. 어떤 경전에서는 보살이 있음으로써 국토
를 장엄한다고 하였다. 바라건대 온 세상이 모두 보현보살
로 가득하여 장엄하여지이다.

　열두 가지의 힘으로 중생들을 해탈케 하고, 모든 법문을
잘 분별하고, 지혜의 바다에도 깊이 들어가고, 일체의 수행
을 청정하게 닦고, 온갖 서원을 원만히 하고, 부처님을 친근
하고 공양하며, 오랜 세월 동안 수행하고, 모든 부처님들의
온갖 법 가운데서 가장 훌륭한 지혜와 자비인 보리의 행원을
원만히 닦아 보현보살의 행원을 성취한다.

즉 불교적 수행의 힘이 충만하면 지금보다 더 높은 단계의 불사를 실현하게 된다. 예컨대 선한 행위를 한 결과는 다시 선행을 보다 더 쉽게 잘할 수 있는 것과 같다. 악행도 마찬가지다. 어제 운전하는 연습을 했다면 오늘은 운전을 보다 더 잘할 수 있는 이치와 같다. 사업을 하는 것이나 글을 쓰는 일이나 모두가 같은 원리이다.

(22) 보현보살과 같아지기를 원하다

일 체 여 래 유 장 자
一切如來有長子하니

피 명 호 왈 보 현 존
彼名號日普賢尊이라

아 금 회 향 제 선 근
我今廻向諸善根하야

원 제 지 행 실 동 피
願諸智行悉同彼로다

일체 여래에게 모두 장자長子가 있으니

그 이름 누구신가 보현보살님이라

내가 이제 모든 선근 회향하옵고

지혜와 실천이 그와 같아지기를 원하옵니다.

원 신 구 의 항 청 정
願身口意恒淸淨하며

제 행 찰 토 역 부 연
諸行刹土亦復然이니

여 시 지 혜 호 보 현
如是智慧號普賢이라

원 아 여 피 개 동 등
願我與彼皆同等이로다

몸과 말과 마음까지 늘 청정하고
모든 행行과 세계들도 그러함이니
이런 지혜 이름하여 보현이시니
저 보살과 같아지기 원하옵니다.

　이 게송을 설하는 보현보살이 보현보살과 같아지기를 원하는 내용이다. 게송을 설하는 보현보살은 누구이며 같아지고자 하는 그 보현보살은 또 누구인가. 게송을 설하는 보현보살은 우리들 독자 모두, 즉 불교의 정법에 의한 불교적 인생을 살고자 하는 보현보살이며, 같아지고 싶은 그 보현보살은 우리들의 이상이며 모든 불자들의 이상으로서의 보현보살이다. 깨달음의 지혜를 바탕에 깔고 몸으로 힘차게 실천궁행하는 중생 제도의 삶을 사는 사람이다. 다시 말하면 바람직한 불자의 상은 곧 보현행을 실천하는 사람이며, 보현행이 완전무결하게 된 사람은 곧 보현보살이다. 그리고 그는 곧 여래의 장자이다.

(23) 문수보살과 같아지기를 원하다

아 위 변 정 보 현 행 　　　문 수 사 리 제 대 원
我爲徧淨普賢行과　　**文殊師利諸大願**하야

만 피 사 업 진 무 여 　　　미 래 제 겁 항 무 권
滿彼事業盡無餘하야　**未來際劫恒無倦**이로다

나는 이제 보현보살 거룩한 행과

문수보살 크신 서원 훌륭히 닦아

그분들이 하는 일을 다 원만히 하여

오는 세상 끝나도록 싫증 안 내리.

아 소 수 행 무 유 량 　　　획 득 무 량 제 공 덕
我所修行無有量하야　**獲得無量諸功德**하며

안 주 무 량 제 행 중 　　　요 달 일 체 신 통 력
安住無量諸行中하야　**了達一切神通力**이로다

내가 닦는 보현행은 한량없으니

그지없는 모든 공덕 이루어 가고

끝이 없는 온갖 행에 머무르면서
일체의 신통력을 깨달으리라.

문 수 사 리 용 맹 지   보 현 혜 행 역 부 연
文殊師利勇猛智요   **普賢慧行亦復然**하니

아 금 회 향 제 선 근   수 피 일 체 상 수 학
我今廻向諸善根하야   **隨彼一切常修學**이로다

문수보살 용맹하고 크신 지혜와
보현보살 지혜의 행行 사무치고자
내가 이제 모든 선근 회향하여서
그분들을 항상 따라 배우오리다.

불교에서 바라는 가장 이상적인 인물은 부처님이다. 그
러나 부처님이라는 한 분만으로 그 위대함과 훌륭하고 뛰어
남을 다 표현하고 설명하기에는 어딘가 부족함이 없지 않
다. 그래서 문수보살과 보현보살이 부처님의 두 가지 입장
을 한 분 한 분씩 맡아 담당하고 있다. 때로는 관세음보살
과 대세지보살과 미륵보살이 함께 등장하기도 한다. 이분

들을 불교에서 오대五大보살이라 한다.

화엄경에서는 문수보살과 보현보살이 사람으로서 생각할 수 있는 가장 이상적인 삶을 표현하고 있다. 문수보살은 부처님의 지혜를 표현한 보살이고, 보현보살은 지혜에 의한 실천을 상징적으로 완벽하게 표현한 보살이다. 지혜가 있어야 바른 실천을 할 수 있기 때문에 선재동자가 53명의 선지식을 친견하는 데도 처음에는 문수보살을 친견하고 끝에는 보현보살을 친견한다. 법화경도 처음에는 문수보살이 등장하여 부처님의 상서祥瑞를 설명하고 끝에 가서 보현보살이 등장하여 결론을 짓는다.

지혜가 없는 자비는 자비가 아니다. 치우친 인간의 정으로 흐른다. 그래서 자비의 실천 이전에 반드시 지혜를 갖추기를 권한다. 그러므로 경문에서 "나는 이제 보현보살 거룩한 행과 문수보살 크신 서원 훌륭히 닦아 그분들이 하는 일을 다 원만히 하리라."고 말하고 있다.

(24) 선근회향을 원하다

삼 세 제 불 소 칭 탄	여 시 최 승 제 대 원
三世諸佛所稱歎인	如是最勝諸大願을

아 금 회 향 제 선 근	위 득 보 현 수 승 행
我今廻向諸善根하야	爲得普賢殊勝行이로다

삼세의 부처님들 칭찬하신 일

이와 같이 훌륭하고 크신 서원들

내가 이제 그 선근을 회향하여서

보현보살 거룩한 행行 얻으렵니다.

불교는 첫째도 보살행이요, 둘째도 보살행이요, 셋째도 보살행이다. 수많은 보살행 중에서 열 가지로 요약한 것이 보현보살의 십대행원이다. 그래서 보현보살의 십대행원은 그 방대한 화엄경의 결론이며 팔만대장경의 총결론이다. 다시 반복하자면 불자의 가장 이상적인 모델인 선재동자가 53명의 선지식을 친견하면서 한결같이 질문한 말은 오직 보살행이었다. 이처럼 보살행을 실천하자는 것이 불교라는 뜻이다.

보살행에도 여러 가지가 있어서 불자들이 혼동을 일으키

고 있다. 밥을 주고 옷을 주고 잠자리를 제공하는 것도 보
살행이므로 그런 것을 제공하는 일에 온힘을 기울이는 사람
들이 많다. 훌륭한 일이다. 매우 좋은 일이다. 그러나 천상
천하天上天下에서 가장 훌륭한 우리들의 스승 석가모니 부처
님의 제자로서 의식주보다 더 값지고 유익한 것으로써 사람
들에게 이바지하는 길은 없을까. 언제나 이 문제를 염두에
두고 사람들을 섬기고 봉사해야 하리라. 만약 의식주보다
몇 백만 배의 가치가 더 나가는 다이아몬드가 있다면 그것
으로 보시하고 봉사해야 하리라. 그렇게 하는 것이 인류 최
고의 스승을 모시고 사는 최고의 제자다운 모습이리라.

(25) 정토에 나기를 원하다

원 아 임 욕 명 종 시　　　진 제 일 체 제 장 애
願我臨欲命終時에　　**盡除一切諸障礙**하고

면 견 피 불 아 미 타　　　즉 득 왕 생 안 락 찰
面見彼佛阿彌陀하야　　**即得往生安樂刹**이로다

원컨대 나의 목숨 마치려 할 때
온갖 번뇌 모든 업장 없애고 나서

아미타 부처님을 만나 뵈옵고

곧바로 극락왕생하려 합니다.

아 기 왕 생 피 국 이 　　　　현 전 성 취 차 대 원

我旣往生彼國已에　　　**現前成就此大願**하야

일 체 원 만 진 무 여 　　　　이 락 일 체 중 생 계

一切圓滿盡無餘하야　　**利樂一切衆生界**로다

내가 이미 저 세계에 가서 난 다음

눈앞에서 이 큰 소원 모두 이루어

온갖 것을 남김없이 원만하여서

일체의 중생들을 기쁘게 하리.

피 불 중 회 함 청 정 　　　　아 시 어 승 연 화 생

彼佛衆會咸淸淨이어든　　**我時於勝蓮華生**하야

친 도 여 래 무 량 광 　　　　현 전 수 아 보 리 기

親覩如來無量光이　　　**現前授我菩提記**로다

부처님께 모인 대중 훌륭하시고

나는 이때 연꽃 위에 태어나서는

아미타 부처님을 친히 뵈오며

그 앞에서 보리수기 내게 주시리.

몽 피 여 래 수 기 이　　　　화 신 무 수 백 구 지
蒙彼如來授記已에　　**化身無數百俱胝**하며

지 력 광 대 변 시 방　　　보 리 일 체 중 생 계
智力廣大徧十方하야　**普利一切衆生界**로다

부처님의 보리수기 받고 나서는

수많은 변화신을 나타내어서

넓고 큰 지혜 시방에 두루 하여

일체 중생 널리널리 이익 주리라.

　사람으로서 가장 바람직한 삶은 불교적인 가치관에 의한
삶이며, 불교적 가치관으로서 또한 가장 빼어난 삶의 모습
인 보현행원을 실천하면서 사는 일이다. 그런데 보현행원을
마음껏 실천하고 나서 그 다음은 무엇인가. 보현행원을 더
욱 잘 실천할 수 있는 조건과 환경을 만나서 보현행원을 계
속하는 것이다. 이 글에서는 그에 대한 해답을 이렇게 설명

하고 있다.

"평생을 보현행원을 실천하고 나서 죽은 뒤에는 극락세계에 태어나서 아미타 부처님을 친견하여 깨달음에 대한 수기를 받고 무수한 변화신을 나타내어 크고 넓은 지혜로써 시방세계에 두루두루 다니면서 일체 중생들의 이익과 행복을 위해서 더욱더 열심히 보현행원을 실천하는 것이다."라고 하였다.

성불成佛을 하는 것도 보살행을 실천하자는 것이며, 견성見性을 하는 것도 보살행을 실천하자는 것이며, 보현행원을 실천하는 것도 역시 보살행을 실천하자는 것이다. 그러므로 불교는 처음도 보살행이며, 중간도 보살행이며, 끝도 보살행이다. 오로지 보살행을 하자고 불교를 믿고, 불교를 공부하고, 불교를 수행한다. 보살행이 없는 불교는 불교가 아니며 보살행이 없는 불교는 생각할 수 없다. 한 가지 더 첨부할 것은 보살행에도 저급한 보살행이 있고 우수한 보살행이 있다. 부처님의 제자는 가장 우수한 보살행을 해야 한다는 것도 잊어서는 안 된다.

(26) 열 가지 행원을 모두 맺다

내 지 허 공 세 계 진   중 생 급 업 번 뇌 진
乃至虛空世界盡하야 **衆生及業煩惱盡**이여

여 시 일 체 무 진 시   아 원 구 경 항 무 진
如是一切無盡時니 **我願究竟恒無盡**이로다

허공계가 다하고 중생계가 다하고
중생의 업이 다하고 중생의 번뇌가 다하여
이와 같은 모든 것 끝없사오매
나의 원도 마침내 끝없으리라.

이 게송을 앞에서의 산문 형식으로 고쳐서 읽으면 더욱
분명해진다. "허공계가 다하여야 나의 이 보현행원도 다하
려니와 허공계가 다할 수 없으므로 나의 이 보현행원도 다
함이 없습니다. 이와 같이 중생의 세계가 다하고, 중생의 업
이 다하고, 중생의 번뇌가 다하여야 나의 보현행원도 다하
려니와, 중생계와 내지 중생의 번뇌가 다함이 없으므로 나의
이 보현행원도 다함이 없습니다. 염념이 계속하여 쉬지 않건
만 몸과 말과 뜻으로 하는 이 일은 지치거나 싫어함이 없습
니다."

견성성불을 하고 나서 그 다음에는 무엇을 할 것인가. 또는 보현행원을 수행하고 나서 그 다음에는 무엇을 할 것인가. 이러한 질문이 가능하다. 답은 역시 보현행원을 수행하는 것이다. 미래가 다하더라도 영원히, 영원히, 또 영원히 보현행원을 수행하리라는 금강과 같은 보현행자의 인생관이다. 이것이 불교인의 삶이며 불교적 인생관이다.

(27) 경전의 수승한 공덕

1〉 보현행원을 들은 이익과 비교하다

시 방 소 유 무 변 찰
十方所有無邊刹에

장 엄 중 보 공 여 래
莊嚴衆寶供如來하며

최 승 안 락 시 천 인
最勝安樂施天人하야

경 일 체 찰 미 진 겁
經一切刹微塵劫이라도

가없는 시방세계 가득히 쌓은

칠보로써 부처님께 공양한대도

가장 좋은 즐거움을 사람들에게

미진겁이 다하도록 보시한대도

약 인 어 차 승 원 왕
若人於此勝願王에

일 경 어 이 능 생 신
一經於耳能生信하야

구 승 보 리 심 갈 앙
求勝菩提心渴仰하면

획 승 공 덕 과 어 피
獲勝功德過於彼로다

어떤 이가 거룩한 이 서원들을

한 번 듣고 환희하여 신심을 내어

좋은 보리 얻으려고 우러른다면

그 공덕이 저 복보다 훨씬 뛰어나리라.

불교의 경전에는 그 경전의 공덕에 대하여 설명한 내용이
나온다. 화엄경 보현행원품도 예외가 아니다. 그동안 경전
을 읽고 경전의 내용들을 충분히 이해하였으면 그 사람은 이
미 공덕을 입은 사람이다. 그러나 경전의 깊은 뜻을 아직은
이해하지 못한 사람들을 위하여 세속적인 가치 기준인 금은
보화와 칠보 등 온갖 값진 것으로써 비교하여 밝혔다. 세속
에서 아무리 값어치가 있는 금은보화라 하더라도 이 보현행
품의 공덕과는 비교할 수 없다고 한 이유가 어디에 있는가.

보현행원이란 사람 사람이 모두 부처님이며, 부처님인 까
닭에 부처님인 사람보다 더 이상의 가치가 있는 것은 없다

는 것을 밝힌 가르침이기 때문이다. 그리고 또 그 가치를 굳이 설명하자면 무량무변 불가사의 불가설 불가설 불찰미진수 아승지라고 하더라도 아직은 그 진정한 가치의 수억만분의 일도 표현하지 못한 것이라는 사실을 밝힌 법문이기 때문이다. 모든 사람들의 가치는 이와 같다.

달마대사가 중국에 처음 왔을 때 양나라 무제라는 임금이 인도에서 온 큰스님이라고 생각하여 친견하였다. 무제 임금은 친견하자마자 자신이 지금까지 절을 수백 개 짓고 탑을 수천 개 쌓았으며 스님들을 수십만 명 교육시켰는데 그 공덕이 얼마나 되는가를 물었는데 달마대사는 아무런 공덕이 없다고 하였다. 달마스님이 보기에는 임금님이 지은 공덕보다 그 공덕을 묻고 있는 활발발한 살아 있는 사람 부처님에게 수억만 배의 공덕이 갖춰져 있음을 보았던 것이리라. 스스로에게 있는 크나큰 공덕은 살펴보지 않고 곧 사라져 없어질 유형의 절과 탑을 공덕이라 생각하고 있는 양무제가 안타까웠으리라. 보현행원품도 역시 이와 같은 이치를 밝힌 경전이므로 그 공덕이 매우 많다고 한 것이다.

선어록에 다음과 같은 법어가 있다.

대주大珠스님이 처음 마조馬祖스님을 친견하니 마조스님이 물었다.

"무엇을 하려고 왔느냐?"

"불법을 구하려고 왔습니다."

"나에게는 한물건도 없거늘 무슨 불법을 구하려는가? 자기의 보물을 돌아보지 아니하고 집을 버리고 돌아다녀서 무엇을 하자는 것인가?"

"어떤 것이 저의 보물입니까?"

"지금 바로 나에게 묻는 그것이 바로 너의 보물이니라. 그것은 일체를 모두 갖추었다. 그런데 무슨 바깥으로 구할 것이 있는가?"

마조스님의 이 말씀에 대주스님은 크게 깨달았다.

불교란 궁극적으로 이 사실을 가르쳐 주는 일이며, 이 사실을 깨닫는 일이다. 이보다 더 소중한 일은 없으며 이보다 더 가치 있는 일은 없다는 것을 보현행원품은 가르치고 있다.

2) 보현행원의 여러 가지 이익을 다 나타내다

즉 상 원 리 악 지 식
卽常遠離惡知識하며

영 리 일 체 제 악 도
永離一切諸惡道하고

속 견 여 래 무 량 광
速見如來無量光하야

구 차 보 현 최 승 원
具此普賢最勝願하면

나쁜 벗을 언제나 멀리 여의며

모든 나쁜 갈래도 영원토록 만나지 않아

아미타 부처님을 빨리 뵈옵고

보현보살 좋은 서원 갖추게 되면

차 인 선 득 승 수 명
此人善得勝壽命하며

차 인 선 래 인 중 생
此人善來人中生하며

차 인 불 구 당 성 취
此人不久當成就

여 피 보 현 보 살 행
如彼普賢菩薩行하리라

이 사람은 훌륭한 목숨을 얻고

이 사람은 날 적마다 인간에 나서

이 사람은 오래잖아 보현보살의

그같이 크신 행원 성취하리라.

왕 석 유 무 지 혜 력 　　　　소 조 극 악 오 무 간
往昔由無智慧力하야　　**所造極惡五無間**이라도

송 차 보 현 대 원 왕 　　　　일 념 속 질 개 소 멸
誦此普賢大願王하면　　**一念速疾皆消滅**하며

옛적에는 어리석고 지혜가 없어

다섯 가지 무간 죄업 지었더라도

보현보살 이 서원을 읽고 외우면

한순간에 저 죄업이 사라지리라.

족 성 종 류 급 용 색 　　　　상 호 지 혜 함 원 만
族姓種類及容色과　　**相好智慧咸圓滿**하며

제 마 외 도 불 능 최 　　　　감 위 삼 계 소 응 공
諸魔外道不能摧하야　　**堪爲三界所應供**하리라

날 적마다 가문 좋고 용모 잘나고

복과 지혜 모든 공덕 다 원만하여

마군이나 외도들도 어쩔 수 없고

삼계의 중생에게 좋은 공양 받게 되리라.

속 예 보 리 대 수 왕
速詣菩提大樹王하야

좌 이 항 복 제 마 중
坐已降伏諸魔衆하고

성 등 정 각 전 법 륜
成等正覺轉法輪하야

보 이 일 체 제 함 식
普利一切諸含識하리라

오래잖아 보리수 아래에 앉아

여러 가지 마군들을 항복받나니

정각을 성취하고 법을 설하여

가없는 중생들에게 이익 주리라.

　보현행원을 수행함으로써 나쁜 벗을 만나지 않고, 악도에도 떨어지지 않으며, 극락세계에 가서 아미타 부처님을 친견하고, 또다시 보현행원을 갖추게 된다고 하였다. 설사 무간지옥에 떨어질 다섯 가지 죄업을 지었더라도 보현행원을 읽고 외우면 그 죄업이 순식간에 사라진다고 하였다. 보현행원이 얼마나 위대한가. 보현행원을 실천한 그 이익은 이루 말로 다 표현할 수 없이 크다. 일일이 다 소개하지 못하므로 경문을 숙독하며 음미하여 가슴에 깊이 새겨야 할 일이다.

(28) 받아 지니기를 권하다

약 인 어 차 보 현 원　　　독 송 수 지 급 연 설
若人於此普賢願에　　**讀誦受持及演說**하면

과 보 유 불 능 증 지　　　결 정 획 승 보 리 도
果報唯佛能證知니　　**決定獲勝菩提道**하리라

누구든지 보현보살 이 서원을

읽고 외워 받아 지녀 연설한다면

부처님이 그 과보를 아시오리니

결정코 보리도를 얻게 되리라.

약 인 송 차 보 현 원　　　아 설 소 분 지 선 근
若人誦此普賢願하면　　**我說少分之善根**을

일 념 일 체 실 개 원　　　성 취 중 생 청 정 원
一念一切悉皆圓하야　　**成就衆生淸淨願**하리라

누구든지 이 서원을 읽고 외우라.

그 선근의 한 부분을 내 말하리니

한순간에 모든 공덕 다 원만하고

중생들의 청정한 원 성취하리라.

아 차 보 현 수 승 행
我此普賢殊勝行의

무 변 승 복 개 회 향
無邊勝福皆廻向하야

보 원 침 익 제 중 생
普願沈溺諸衆生으로

속 왕 무 량 광 불 찰
速往無量光佛刹하야지이다

바라건대 보현보살 거룩한 행의

그지없이 훌륭한 복 다 회향하노니

삼계고해 빠져 있는 모든 중생들

아미타불 극락세계에 어서 가지이다.

　경전을 공부하고 나서 그 내용에 감동하고 그 가르침이
여러 사람들에게 전해지기를 간절히 바라는 뜻에서 무엇인
가 해 보려고 하는 사람들을 법사法師라 한다. 법사에는 다
섯 종류의 법사[五種法師]가 있다고 법화경에서는 설하였다.

　첫째, 종이와 먹으로 된 경전을 지니고 다니는 사람이다.
지닌다는 뜻에서 마음속 깊이 감동하여 그 사상이 잘 배어
있는 사람을 지니는 사람이라고도 하지만 가장 손쉬운 수
지受持, 즉 지니는 일은 경전 책을 지니는 것이다.

　둘째는 경전을 읽는 일이다.

　셋째는 경전을 외우는 일이다.

넷째는 경전을 쓰거나 출판하는 일이다.

다섯째는 다른 사람에게 설명하는 일이다.

이 다섯 가지 중에서 한 가지만 하더라도 이미 부처님의 말씀인 경전을 전하는 법사라고 한다. 이 얼마나 쉬운가. 법사는 부처님이 하시는 일을 대신하는 사람이며, 또한 부처님의 심부름을 하는 사람이다. 참으로 큰 임무를 수행하는 사람이라고 할 수 있다. 이런 사람은 세상에서 가장 값진 삶을 사는 사람이다. 보현행원품을 끝내면서 모든 사람들이 보현행자가 되어 이 다섯 가지 중에 하나만이라도 실천하기를 권하는 게송이다.

5) 여래가 찬탄하다

이시에 보현보살마하살이 어여래전에 설차보
爾時에 普賢菩薩摩訶薩이 於如來前에 說此普

현광대원왕청정게이 하신대 선재동자가 용약무
賢廣大願王淸淨偈已 하신대 善財童子가 踊躍無

량　일체보살　개대환희　여래　찬언
量하며 一切菩薩이 皆大歡喜어늘 如來가 讚言하사대

선재선재
善哉善哉라하시니라

　그때에 보현보살마하살이 부처님 앞에서 이러한 보현의 큰 서원과 훌륭한 게송을 읊자 선재동자는 뛸 듯이 기뻐하였습니다. 또한 여러 보살들도 크게 환희하였습니다. 그리고 부처님께서는 "훌륭하도다. 훌륭하도다."하시며 찬탄하셨습니다.

　불교의 이상인 보살의 실천덕목을 흔히 육도만행六度萬行 또는 십도만행十度萬行이라고 한다. 여러 가지 바라밀을 상황에 따라 무수히 많은 방향으로 응용하여 실천하는데 그 중에서 가장 대표적인 것이 보현보살의 열 가지 행원이다. 그 행원을 모두 이야기하였고, 다시 게송으로 못다한 가르침과 앞에서 하신 말씀을 아름답고 외우기 쉽도록 노래하였다. 그러자 우리 모든 불교 수행자들의 대표이자 본보기인 선재동자가 뛸 듯이 기뻐하였다. 물론 처음부터 선재동자와 선지식 탐방을 함께하였던 5백 동자와 5백 동녀들도 같은 마음이었으리라. 그 외의 일체 보살들도 모두 환희하였다고 한다. 그것을 바라본 부처님은 "훌륭하도다. 훌륭하도다." 라고 찬탄하였다. 이 말은 번역하지 말고 그냥 "선재선재善哉善哉라"라고 읽는 것이 좋다. 왜냐하면 "훌륭하다."는 뜻 외에도 "착하다. 잘했다. 귀엽다. 고맙다. 감사하다. 똑똑하다." 등의 여러 가지 의미를 포함하고 있기 때문이다.

3. 유통분流通分

- 신수봉행信受奉行하더라

이시　세존　여제성자보살마하살　연설여
爾時에 世尊이 與諸聖者菩薩摩訶薩로 演說如

시불가사의해탈경계승법문시　문수사리보살
是不可思議解脫境界勝法門時에 文殊師利菩薩

이위상수　　제대보살　급소성숙육천비구
이 而爲上首하시며 諸大菩薩과 及所成熟六千比丘

미륵보살　이위상수　　현겁일체제대보살
와 彌勒菩薩이 而爲上首하시며 賢劫一切諸大菩薩

무구보현보살　이위상수　　일생보처　주
과 無垢普賢菩薩이 而爲上首하시며 一生補處로 住

관정위　제대보살　급여시방종종세계　보래
灌頂位한 諸大菩薩과 及餘十方種種世界에 普來

집회　일체찰해극미진수제보살마하살중　대
集會한 一切刹海極微塵數諸菩薩摩訶薩衆과 大

지 사 리 불　　마 하 목 건 련 등　　이 위 상 수　　　제 대
智舍利弗과　摩訶目犍連等이　而爲上首어든　諸大

성 문　　병 제 인 천 일 체 세 주　　천 룡 야 차 건 달 바 아
聲聞과　幷諸人天一切世主와　天龍夜叉乾闥婆阿

수 라 가 루 라 긴 나 라 마 후 라 가　　인 비 인 등　　일 체
修羅迦樓羅緊那羅摩睺羅伽와　人非人等의　一切

대 중　　문 불 소 설　　　　개 대 환 희　　　신 수 봉 행
大衆이　聞佛所說하사옵고　皆大歡喜하야　信受奉行

하시니라

　　그때에 부처님께서 성스럽고 거룩한 여러 보살마하
살과 함께 이와 같은 불가사의한 해탈 경계의 훌륭한
법문을 연설하실 때, 문수사리보살을 상수로 한 여러
큰 보살과, 그들이 성숙시킨 육천六千 비구와, 미륵보살
을 상수로 한 현겁賢劫의 일체 모든 대보살과, 무구보현
보살을 상수로 한 일생보처一生補處로서 정수리에 물을
붓는 지위에 있는 여러 큰 보살들과, 그리고 시방의 가
지가지 세계에서 모여온 모든 세계의 아주 작은 먼지
수와 같이 많은 모든 보살마하살들과, 큰 지혜 있는 사
리불과 마하목건련 등을 상수로 한 여러 큰 성문과, 아
울러 여러 인간세상과 하늘세상의 주인들과 천신, 용

왕, 야차, 건달바, 아수라, 가루라, 긴나라, 마후라가, 사람인 듯 사람 아닌 듯한 이 등의 일체 대중이 부처님의 말씀을 듣고 모두 크게 기뻐하여 믿고 받들어 행하였습니다.

여기까지가 경전 중에서 가장 길고 방대한 대방광불화엄경의 끝이다.

화엄경은 길고 방대할 뿐만 아니라 부처님이 깨달으신 내용을 하나도 남김없이, 그리고 방편이라는 거품도 없이 진리의 순수성을 철저히 드러낸 경전이다. 그래서 "부처님의 깨달음은 인류사에서 가장 큰 사건이며 그 깨달음의 내용을 남김없이 표현한 화엄경은 인류가 남긴 최대의 걸작품이다."라고 서슴없이 말한다.

거의 모든 경전은 "이와 같은 사실을 보고 들었습니다[如是我聞]."라고 시작하여 "부처님의 말씀을 듣고 모두 크게 기뻐하여 믿고 받들어 행하였습니다[聞佛所說 皆大歡喜 信受奉行]."라고 끝을 맺는다. 물론 이 보현행원품은 길고 긴 화엄경의 81분의 1에 해당하는 맨 끝부분이다. 그러나 화엄경의 결론과 불교의 결론이 잘 나타나 있어서 하나의 완벽한 경전으로서 전혀 손색이 없다. 만약 이 보현행원품도 길다고 느껴지면 부처님이 영산회상에서 들어 보였던 한 송이 꽃을 불교라고 생각해도 상관없다. 한 송이 꽃이 번거롭다면 구지선사俱胝禪師의, 아니 이 글을 읽는 여러분들의 한 손가락으로도 불교는 충분하다. 이와 같이 불교는 늘리면 팔만장경이요, 줄이면 한 손가락이다. 모두가 이해하는 사람들의 마음에 달려 있고 안목에 달려 있을 뿐이다.

그러나 그와 같은 깊은 이치를 삶에 활용하지 못한다면 이 보현행원품을 읽고 또 읽어서 몸소 실천할 수 있도록 하는 것이 최선의 길이리라. 보현행원을 가장 간단하게 요약해서 표현하면 "사람 사람이 모두 부처님이라는 사실을 깊이 이해하고 모든 사람을 부처님으로 받들어 섬기면 그도 행복하고 나도 또한 행복하다. 나아가서 모든 사람이 이 이치를 실천하면 여기에 전 인류가 모두 행복하게 사는 길이 있다." 는 가르침이다.

"아름다워라 세상이여,

환희로워라 인생이여.

아, 이대로가 화장장엄세계요,

이대로가 청정법신비로자나불인 것을."

이렇게 하여 길다면 길고 짧다면 짧은 대방광불화엄경
강설을 모두 마친다.

보현행원품 강설 끝

〈제81권 끝〉

대방광불화엄경 강설 후기後記

　이 화엄경 강설은 오로지 저 자신이 개인적으로 화엄경을 자세히 공부하고자 하는 마음에서 시작하여 한 구절 한 구절 살피고 다시 이리저리 천착穿鑿해 보느라고 기록하던 것이었는데 81권의 책으로 나오게 되어 이제 그 후기後記를 쓰게 되었습니다.

　제가 이 강설을 통해 화엄경을 공부한 방식은 화엄경의 역사적인 내용이나 성립과 구성과 다른 경전과의 연관성과 체계적인 입장보다는 경문經文의 한 구절 한 구절에 담긴 뜻을 깊이 이해하고자 하는 데 중점을 두었습니다. 비유하자면 이 지구상에 있는 바다가 대단히 넓고 크지만 어느 쪽의 바다인지 어느 나라의 바다인지에 마음을 쓴 것이 아니라 바닷물의 맛이 어떤지에 관심을 쓴 것과 같습니다.

그래서 가끔 마음에 계합이 되는 구절을 만나면 몹시 흥겨워 더 이상 나아갈 줄 모르고 그것을 음미하고 또 음미하였습니다. 반대로 뜻이 이해되지 않거나 까다로운 내용을 만나면 그냥 스치고 지나가고 어려운 것을 꼭 알아야겠다고 애쓰지 않았습니다. 저 나름대로 이해되는 화엄경만으로도 매우 풍부하고 충분하였기 때문입니다.

이 화엄경 강설이 이와 같이 이루어진 인연을 살펴보면 멀리는 1963년 해인사 강원 화엄경반에 있으면서 주마간산走馬看山하며 맹인모상盲人摸象 격으로 살펴본 것이 처음이었습니다. 그리고 다시 1970년대 초, 구례 화엄사 구층암에서 도반 네다섯 명과 범룡梵龍큰스님을 모시고 통현장자通玄長者의 화엄경합론合論을 사경하면서 잠깐 공부하였으며, 또 1970년대 중반 탄허呑虛스님의 화엄경합론 출판 일에 동참同參하면서 원문과 번역을 수차에 걸쳐 읽었던 일이 있습니다. 그때마다 늘 언젠가 저도 한번 번역해 봐야지 하는 생각을 하였던 것입니다.

그후 1994년에 한글화엄경을 낱낱이 단락을 나누고 새로운 과목을 달아 편찬하여 10권(전81권)으로 출판하였고 1997년 1월에 한문화엄경에 현토懸吐를 하고 미세하게 단락段落을 나누어 과목科目을 일일이 만들어 넣어 전통적인 목판본 교재에서 새롭고 현대화된 강원의 교재용으로 4권(전81권)으로 출판하였습니다. 그 과정에서 참으로 많이도 천착하였습니다.

그리고 이제 2018년 2월에 한자에 음을 붙이고, 토를 달고, 새롭게 번역을 다듬고, 간단한 강설과 주해를 곁들여서 누구나 할 수 있는 화엄경 공부의 교재라고 생각하고 보현행원품까지 합하여 81권으로 출판하게 되었습니다.

돌이켜보니 강설 책을 시작한 것이 아마도 30여 년의 세월이 흐른 것 같습니다. 처음에는 원고지에 펜으로 한 자 한 자 썼는데 뒤에는 컴퓨터가 생기면서 기록하기가 매우 쉬워졌습니다. 손가락에 마비현상이 와서 그동안 타자학원도 다니고 컴퓨터학원도 다녔습니다. 덕분에 현대문명의 장점을 잘 활용하였으며 컴퓨터의 원리를 통해서 화엄의 이치도 더욱 분명하게 이해하는 계기가 되었습니다.

모두들 화엄경은 너무 방대하다고 하여 엄두를 내지 못

하거나 설사 공부를 하더라도 약간의 불평들을 합니다. 그러나 이제 강설을 다 쓰고 보니 저는 화엄경이 이보다 몇 배나 더 많았으면 하는 마음입니다. 설사 바닷가에서 모래를 세는 일이라 하더라도 그 모래가 더 많았으면 하는 생각과 같습니다. 이와 같이 화엄경 공부는 참으로 재미있고 환희롭습니다. 평생을 통해서 불교를 공부하는 사람으로서 이 화엄경을 공부하는 일 외에 다시 또 무슨 일이 있겠습니까.

다만 욕심이 있다면 보잘것없는 책이지만 널리 보급이 되고 우리나라 모든 국민들이 다 같이 열심히 읽어서 올바른 불교며 가장 우수한 불교인 대승보살불교가 크게 일어나서 많은 사람들이 이 수승한 진리의 가르침을 알고 실천하여 개개인의 행복과 나라의 평화에 조금이라도 도움이 되었으면 하는 소망입니다. 그것은 곧 원효元曉스님이 천성산 화엄벌에서 1천 명의 대중에게 화엄경을 설법하시고, 의상義湘스님이 전국에 화엄10찰을 세워 온 신라 땅을 화엄의 꽃으로 아름답게 수놓던 일을 재현하는 일이 될 것입니다.

강설을 마치면서 무엇보다 유감으로 남는 것은 잘못된

번역과 경전의 참뜻을 잘못 이해하여 그릇되게 설명한 내용들이 적지 않으리라는 점입니다. 또 뜻을 몰라서 설명하지 못한 부분도 많습니다. 그나마 뒷사람들이 공부하는 데 조금이라도 도움이 된다면 제가 저지른 허물은 제가 모두 달게 받겠습니다. 우둔한 사람이 애써서 공부한 것을 묻혀 두기 아까워서 책을 만들었던 것입니다. 부디 눈 밝은 뒷사람들이 바로잡아 주시기를 학수고대합니다. 저 또한 기회가 되면 잘못된 것을 바로잡고 다듬어서 새로운 강설을 다시 쓰겠습니다.

생각해 보니 화엄경을 공부하여 그 뜻을 설명하는 일이란 작은 반딧불이의 빛으로 일천 개의 태양이 동시에 뜬 것과 같은 밝음을 가늠하는 것과 같습니다. 실로 언어의 길이 끊어지고 마음으로 헤아릴 곳이 사라져 버린 경지입니다. 그동안의 이런저런 강설은 화엄경을 공부하고자 하는 사람들에게 안내하는 역할을 한다고는 하지만 그야말로 맹인이 코끼리를 만지고 나서 한 손바닥에 만져진 것만을 코끼리라고 말한 것과 다를 바 없음을 알겠습니다.

실로 이 불사佛事는 저만의 일이 아니고 가까이 있는 소중한 사람들의 도움으로 성취한 것임을 절절이 느낍니다. 일일이 그 존명尊名을 열거하지는 못하지만 아마도 세세생생에 잊지 못하고 또 잊어서는 안 될 분들입니다. 특히 은사 여환如幻스님과 스승이신 탄허呑虛스님, 운허耘虛스님, 지관智冠스님, 그리고 물심양면으로 도움을 주신 많은 불자 여러분들과 금요법회의 300여 신도님 여러분과 2008년부터 문수경전연구회에서 법화경과 임제록과 화엄경을 공부하시는 200여 분의 스님과 아픈 몸으로 2004년 11월부터 개설하여 함께 공부하신 2만여 염화실 카페 회원 여러분들께 심심한 감사의 뜻을 전합니다.

　또한 원고가 책이 되도록 애써 주신 담앤북스 출판사 사장님과 관계자 여러분에게도 특별히 감사드립니다. 또 81권의 처음부터 끝까지 함께 교정의 일을 같이하신 분들께도 심심한 고마움을 전합니다.

　서툴고 오류 투성이인 강설이지만 이렇게 마칠 수 있었던 것은 오로지 불보살님과 천룡팔부天龍八部 등 무량무수한 화엄성중華嚴聖衆님들의 깊은 가호지묘력加護之妙力이라는 것을 깊이 믿으며 세세생생 함께할 것을 서원誓願하며 아쉽지만 이제 잠깐 그 끝을 맺습니다.

여기까지 함께 읽어 주신 모든 분들, 대단히 고맙습니다.

나무 대방광불화엄경

나무 대방광불화엄경

나무 대방광불화엄경

서기 2018년 2월 10일

신라 화엄종찰 금정산 범어사 화엄전에서

如天 無比 합장

華嚴經 構成表

分次	周次		內容	品數	會次
舉果勸樂生信分 (信)	所信因果周		如來依正	世主妙嚴品 第一 如來現相品 第二 普賢三昧品 第三 世界成就品 第四 華藏世界品 第五 毘盧遮那品 第六	初會
修因契果生解分 (解)	差別因果周	差別因	十信	如來名號品 第七 四聖諦品 第八 光明覺品 第九 菩薩問明品 第十 淨行品 第十一 賢首品 第十二	二會
			十住	昇須彌山頂品 第十三 須彌頂上偈讚品 第十四 十住品 第十五 梵行品 第十六 初發心功德品 第十七 明法品 第十八	三會
			十行	昇夜摩天宮品 第十九 夜摩天宮偈讚品 第二十 十行品 第二十一 十無盡藏品 第二十二	四會
			十廻向	昇兜率天宮品 第二十三 兜率宮中偈讚品 第二十四 十廻向品 第二十五	五會
			十地	十地品 第二十六	六會
			等覺	十定品 第二十七 十通品 第二十八 十忍品 第二十九 阿僧祇品 第三十 如來壽量品 第三十一 菩薩住處品 第三十二	七會
		差別果	妙覺	佛不思議法品 第三十三 如來十身相海品 第三十四 如來隨好光明功德品 第三十五	
	平等因果周	平等因		普賢行品 第三十六	
		平等果		如來出現品 第三十七	
托法進修成行分 (行)	成行因果周		二千行門	離世間品 第三十八	八會
依人證入成德分 (證)	證入因果周		證果法門	入法界品 第三十九	九會

（資料：文殊經典研究會）

會場	放光別	會主	入定別	說法別舉
菩提場	遮那放齒光眉間光	普賢菩薩爲會主	入毘盧藏身三昧	如來依正法
普光明殿	世尊放兩足輪光	文殊菩薩爲會主	此會不入定．信未入位故	十信法
忉利天宮	世尊放兩足指光	法慧菩薩爲會主	入無量方便三昧	十住法門
夜摩天宮	如來放兩足趺光	功德林菩薩爲會主	入菩薩善思惟三昧	十行法門
兜率天宮	如來放兩膝輪光	金剛幢菩薩爲會主	入菩薩智光三昧	十迴向法門
他化天宮	如來放眉間毫相光	金剛藏菩薩爲會主	入菩薩大智慧光明三昧	十地法門
再會普光明殿	如來放眉間口光	如來爲會主	入刹那際三昧	等妙覺法門
三會普光明殿	此會佛不放光．表行依解法依解光故	普賢菩薩爲會主	入佛華莊嚴三昧	二千行門
祇陀園林	放眉間白毫光	如來善友爲會主	入獅子頻申三昧	果法門

如天 無比

1943년 영덕에서 출생하였다. 1958년 출가하여 덕흥사, 불국사, 범어사를 거쳐 1964년 해인사 강원을 졸업하고 동국역경연수원에서 수학하였다. 10여 년 선원생활을 하고 1976년 탄허 스님에게 화엄경을 수학하고 전법, 이후 통도사 강주, 범어사 강주, 은해사 승가대학원장, 대한불교조계종 교육원장, 동국역경원장, 동화사 한문불전승가대학원장 등을 역임하였다.

2018년 5월에는 수행력과 지도력을 갖춘 승랍 40년 이상 되는 스님에게 품서되는 대종사 법계를 받았다. 현재 부산 문수선원 문수경전연구회에서 150여 명의 스님과 300여 명의 재가 신도들에게 화엄경을 강의하고 있다. 또한 다음 카페 '염화실'(http://cafe.daum.net/yumhwasil)을 통해 '모든 사람을 부처님으로 받들어 섬김으로써 이 땅에 평화와 행복을 가져오게 한다.'는 인불사상人佛思想을 펼치고 있다.

저서로 『무비 스님의 유마경 강설』(전 3권), 『대방광불화엄경 실마리』, 『무비 스님의 왕복서 강설』, 『무비 스님이 풀어 쓴 김시습의 법성게 선해』, 『법화경 법문』, 『신금강경 강의』, 『직지 강설』(전 2권), 『법화경 강의』(전 2권), 『신심명 강의』, 『임제록 강설』, 『대승찬 강설』, 『당신은 부처님』, 『사람이 부처님이다』, 『이것이 간화선이다』, 『무비 스님과 함께하는 불교공부』, 『무비 스님의 증도가 강의』, 『일곱 번의 작별인사』, 무비 스님이 가려 뽑은 명구 100선 시리즈(전 4권) 등이 있고 편찬하고 번역한 책으로 『화엄경(한글)』(전 10권), 『화엄경(한문)』(전 4권), 『금강경 오가해』 등이 있다.

대방광불화엄경 강설 제81권

| 초판 1쇄 발행_ 2018년 2월 22일
| 초판 5쇄 발행_ 2022년 1월 20일

| 지은이_ 여천 무비(如天 無比)
| 펴낸이_ 오세룡
| 편집_ 박성화 손미숙 전태영
| 기획_ 최은영 곽은영 김희재 진달래
| 디자인_ 고혜정 김효선
| 홍보 마케팅_ 이주하
| 펴낸곳_ 담앤북스
　　　서울특별시 종로구 새문안로3길 23 경희궁의 아침 4단지 805호
　　　대표전화 02)765-1251 전송 02)764-1251 전자우편 damnbooks@hanmail.net
　　　출판등록 제300-2011-115호
| ISBN　979-11-6201-071-6　04220

정가 14,000원